儒生文丛 第三辑

齐义虎/著

经世三论

知识产权出版社

全国百佳图书出版单位

图书在版编目（CIP）数据

经世三论 / 齐义虎著. — 北京：知识产权出版社，2016.9

（儒生文丛 / 任重主编. 第三辑）

ISBN 978-7-5130-4477-6

Ⅰ.①经… Ⅱ.①齐… Ⅲ.①社会科学—文集 Ⅳ.①C53

中国版本图书馆CIP数据核字（2016）第224035号

内容简介

什么是好的生活？文明与野蛮的界限在哪里？荀子真的主张君主专制吗？西方真的文明吗？欧美政治模式真的不可超越吗？……本书作者以赤诚的情怀，凭借古典智慧的启迪，以究天人、通古今的气魄和格局，带给您不一样的分析和回答。

责任编辑：江宜玲　　　　　　　　　责任校对：董志英

封面设计：张　冀　　　　　　　　　责任出版：刘译文

儒生文丛（第三辑）

经世三论

齐义虎◎著

出版发行：知识产权出版社 有限责任公司	网　址：http://www.ipph.cn
社　址：北京市海淀区西外太平庄55号	邮　编：100081
责编电话：010-82000860 转 8339	责编邮箱：jiangyiling@cnipr.com
发行电话：010-82000860 转 8101/8102	发行传真：010-82000893/82005070/82000270
印　刷：北京中献拓方科技发展有限公司	经　销：各大网上书店、新华书店及相关销售网点
开　本：787mm×1092mm　1/16	印　张：14.25
版　次：2016年9月第1版	印　次：2016年11月第2次印刷
字　数：190千字	定　价：48.00元

ISBN 978-7-5130-4477-6

"儒生文丛"总序

　　儒生者，信奉儒家价值之读书人也。"儒生文丛"者，儒家读书人之心声见于言说者也。近世以降，儒家斯文扫地，儒学几近中绝。国人等儒学于土苴，士夫视孔道为寇仇，遂使五千年尧舜故国儒家读书人渐稀，亿万万中华神胄儒生难觅！然则，所谓儒生者，儒家价值之担当者也；儒家价值者，神州中国之传承也；中国不复有儒生，是儒家价值无担当，中国之价值有所欠缺也。悲乎，痛矣！寅恪翁之言也！

　　今日中国，儒道再兴。儒生之见于神州大地，数十载于兹矣。今日中国文化之复兴，亦需今日儒生之努力，而儒家价值之传承，亦端赖今日儒生之兴起也。

　　"儒生文丛"主编任重君，儒生也。倾一己之力，编辑"儒生文丛"，欲使国人知晓数十年来儒家回归、儒教研究与儒学复兴之历程，进而欲使今日之中国知晓当今儒生之心声。故"儒生文丛"之刊出，不特有助于中国文化之复兴，于当今中国之世道人心，亦大有裨益也。

　　壬辰夏，余山居，任重君索序于余，余乐为之序云。

盘山叟蒋庆序于龙场阳明精舍俟圣园之无闷居

（吹剑修订于 2015 年）

代序：传统与现代的和解共生

经过 30 多年的探索与实践，中国的改革事业逐渐跨入深水区，亟需顶层设计的战略指导。如果说邓小平时代的"不争论"是为了在实践中摸索前进，那么今天的中国已经迫切需要一场"大讨论"来总结过往的经验教训，为接下来的改革凝聚共识、指明方向。近日，王小东先生撰文称"儒家思想不能主导中国改革"，从否定的角度触及了这一话题。

在王先生看来，儒家思想之所以不能主导中国改革主要有两点理由：一是讲究尊卑长幼的儒家礼制已不合乎平等、独立、自由的现代价值观；二是在现代这个国际竞争的"大争之世"，儒家的保守性敌不过西方强国不择手段的进攻性，"可与守成"而"难与进取"。前者是对儒家之"体"——价值性的否定，后者是对儒家之"用"——有效性的否定。三言两语之间使儒家体用双废，可谓一招毙命。不过细想一下却未必如此，以上两点不仅不是儒家的致命缺点，或许恰是其克治中国乃至人类当下时弊的制胜法宝。

在中国，不论激进者还是温和者，其本质都是现代派，只不过在西方价值观的先后排序和实现手段上有所分歧罢了。作为现代派，他们共持对于传统的轻蔑立场：激进者要彻底打倒传统来为现代化开路，温和者也不过勉强承认传统曾有过一点历史进步意义罢了。

这种恃今傲古的片面性造成了现代派的思想盲区，他们只看到现代化的艳丽外表，却看不到现代性的内在危机，于是将所有问题都归结为现代化不充分的结果。其深层次的思维根源是进化论的线性历史观。从"五四"直到今天，现代派一直都在梦想着"科学万能论下的民主乌托邦"，但这其实只是遥不可及的西洋幻境，并非植根大地的中国梦。

中国的改革事业是人类现代化进程的一部分，故反思改革必须从反思现代性的人类总体高度来展开，否则便无法把握中国改革的正确方向。其实西方早已出现后现代主义，只不过他们对现代性的反思多是无力的哀叹和惆怅，缺乏积极有效的克治手段。面对现代性的迷思，前现代思想与后现代主义一样，都可以成为一种批判和矫正的力量。儒家以其几千年政教文明的深厚积淀，无疑具有担此重任的能力。

儒家思想不过日用伦常之道，但正因为其平常，才能超越时代、万古不变。故儒家思想不存在过时的问题，而是贯通古今、与时偕行。相比之下，现代普世价值好似一堆抽象空洞的华丽辞藻，悬浮于脑而未契乎心，看上去很美，实则既未"造道"遑论"有德"，不过是夸夸其谈的意识形态口号罢了。

同样，所谓国际竞争也不过是现代性极端扩张的一部分。王小东先生说"要挖掘两千多年前中国的'大争之世'的其他思想、文化资源"，说白了就是弃儒家而取法家。当年的秦国确实借助法家的改革走上了横扫六国的统一伟业。但请别忘记，大秦帝国在短短的 15 年后也与六国一样灰飞烟灭了。毁灭别人的力量同样能毁灭自己，古代的法家改革是这样，今天的现代化改革依旧如此。中国若欲和平崛起，需要学习的不是秦始皇而是周文王，这才是强而不霸的王者之道。

现代化本是为人服务的，现在却反过来成为一种异化人、裹挟人的力量，实在有违初衷。王先生一边主张平等、独立、自由的普世价值，一边却又偏爱法家争霸的富强之术，这二者之间的矛盾不仅凸显了其个人的思想纠结，更反映了现代性内部的悖论和困境。

是故为了矫正现代化的弊病，应对不断恶化的贫富分化、环境污染、道德沦丧、唯利是图等趋势，使人类能役物而不役于物，在现代化之外还需要传统化的同时展开。传统化与现代化好比阴阳之和合化育万物，又如车之双轮互相平衡，保证人类的发展合乎中道而不偏于两端，走出一条充满希望的新路。当然，健康的传统化只能是儒家化而非法家化。

目　录

上篇　政理思索

从文明与野蛮谈起

中西方的思维中都有文明与野蛮之分，相对于文明人，西方人称蛮族为"Barbarian"，中国人则名之曰夷狄。但同样自视为文明人，二者对于野蛮人的态度却又不尽相同。

西方人在亚里士多德那里视奴隶为会说话的工具，基督教视之为可恶的异教徒、偶像崇拜者，纳粹希特勒视犹太人为劣种。虽然基督教也讲博爱，但那是对人的爱，如果对方不被视为人，则无所谓爱。反之，当他们作为物存在时，便只是人的工具，必须征服之、奴役之。因为上帝说，世间的万物都是他为人而创造的。所以，这一切的征服、奴役甚至杀戮都是合理的，而且这类野蛮行为丝毫无损于其文明人的身份。野蛮地对待野蛮人与文明地对待文明人一样，是西方文明的道德准则。

但在中国人看来，这种所谓文明人的道德未免有小人得志的乍富心态。中国人所持的对待夷狄的态度不是扬起皮鞭或者举起屠刀，而是高傲地转过头去，不使之同中国而已。这也就是《春秋》中讲的"天子不治夷狄"。之所以有这种态度在于中国的古代思想不仅像基督教一样讲爱人，而且还讲爱物。所谓民胞物与，皆是仁心所在。西方的上帝只眷顾依靠他的人（即选民），而中国的天化生万物（包括人与物）、覆育群生、无偏无党、允仁允公，这是一种更普遍的生生大德之爱。因此，卡尔·施米特在他的《政治的概念》中说，政治的首要任务便是要区分敌我，这是其文明思维之必然。而中国人无须区隔什么敌我，因为大家同是天父地母的子孙。中国人的区别只在于虽同是子孙，却有文明程度上的差别。所谓"同是人，类不齐，流俗众，仁者稀"是也。真正的文明人要像天地一样至公无私，覆载万物，养育群生，同时却又生而不有，为而不恃，功成而弗居。所以，这里只有念顾生灵的不忍之心，只有赞化天地的蒙养之功，而没有自以为是的自鸣得意，更没有傲视一切的征服、奴役和屠戮。就是这蒙养也不是强制的，它也需要众生自身有向学之心，故礼闻来学、不闻往教，法国大革命中那种强迫自由在中国人是不可想象的。在中国人看来，每个人要对自己负责，自己都不对自己负责，其他人又何必为之操心呢？而夷狄恰是不知自我负责、缺乏向化之心的人，故谓之弃民，屏诸四夷而不教。但天地既已生育了他们，则他们作为天生之物仍有其生存的理据。作为文明人，其道德所要求的只是不与之接触、混同，是为高傲的不视、不顾。

对比两种道德，可以说在境界上中国的文明人要高于西方的文明人，根源在于中国的天比之西方的上帝广博、淳厚了许多。

上帝的褊狭就在于他看重人而轻视物，看重皈依他的人而轻视远离他的人。这样的神与天相比，便还算不上一位至大、至公、至厚的父，而是一位有偏爱、有私心的父。于是这样一位父所塑造的文明人的道德便是具有内外双重标准的道德，这一点在今天美国的内外政策上仍有明显的体现：对内讲民权，对外讲霸权。这种党同伐异的作风正是西方人之文明所在，而中国人讲君子（有道德的文明人）群而不党、和而不同。真正的道德绝不是一方面鄙视对方的野蛮，而另一方面又以此为借口以更加野蛮的方式对待所谓的野蛮人；而是既然看到了对方的野蛮，便更应固守自己行为的文明性，同时对其野蛮的生存方式有一点文明人的高傲与自负，但更多的是对他们的哀怜以及对自己的警醒。既不失坠于自己的文明，又能宽容地面对他们野蛮的自适，以天之至公无私的化生大德来观照这世间文明与野蛮共同编织的黼黻章彩，这便是中国的天德。

以德报德固属相宜，但以怨报怨却多为君子不取。常言道：以其人之道还治其人之身。这在学问切磋辩驳中是可取的，但移之以行动对人却是不可取的。故孔子讲"以直报怨"。这"怨"是夷狄（或曰小人）之不文明处，而这"直"却是君子之文明处。故君子对大人要敬，对小人也要敬，因为敬是固属于君子的文明品格。若以己之不敬对小人之不敬，试问己与小人又有何异？春秋时礼崩乐坏，人君多失其为君之礼，而孔子作为臣子依旧尽己之礼。时人不解，讥以为谄，于是孔子叹曰："事君以礼，人以为谄也。"

孔子曾说：吾道一以贯之。曾参释之曰：夫子之道，忠恕而已矣。忠便是诚，诚即尽己，尽己故慎独；恕便是仁，仁即爱人，爱人故容众。所以，忠恕便是尽己爱人，求于己而勿求于人，一日克己复礼天下归仁矣。中国人的道德，归根结底就是这尽己的功夫，守于内而不务于外。西方人之道德之所以尚不完全，就在于它还是务于外而乏于内。守于内故但求心安，但西方人无此内在之心安，于是只得把道德的根基安置在外面的神身上，康德之证明灵魂不死、上帝存在以及在未来悬置一个至善都是这种外求的产物。

切莫把科技的先进混同于道德上的文明。一个取得战争胜利的国家并不能以此证明其文明上的优越，而一个科技发达的国家也不能为之增加丝毫的文明光辉。反之，这二者倒是足以暴露其野蛮的本性，因为野蛮从来都是与强大的力量联系在一起的。而文明却无须力量的佐助，纵然有力量那也不是枪炮的力量，而是心的力量。

补充一

作为文明人，不论中国人还是西方人对于外来者的差异都会做出一种惊讶的反应。这种惊讶表达了一种共同的自我优越感，但其所惊讶的对象却很不一样。中国人往往惊讶于外来者与自己相同的地方，这是一种欣喜的惊讶。如看到一个西方人使用筷子，中国人会惊叹："呀！你也会用筷子呀，真了不起！"暗含的意思其实是：会用筷子是了不起的，本来只有我们中国人会用，你竟然也会用，真不可思议。这种优越心态其实是一种"斯文在此"的高傲，作为外来者未尝与闻斯道才是正常的。西方人则不同，他们多是惊讶于外来者与自己不同的地方，是一种埋怨的惊讶。还是拿餐具做比吧①，看到对方不会使用刀叉，他们会说："呀！你竟然不会使用刀叉，那你们怎么吃饭呀？真是不可想象。"话语背后暗含的意思是：用刀叉应是文明的普遍公理（以我为准），你们竟然不按公理行为，真是野蛮。这种优越心态其实是一种"公理普遍"的高傲，外来者同样遵守奉行才是正常的。

相较之下，中国人的惊讶往往是赞赏性的，虽然背后隐含着"我比你高"的优越，但至少这种优越是宽容的。而西方人的惊讶常常是指责性的，因为我的规则就是公理，于是不按公理的行为就是不对的。这种优越感隐藏着强硬的霸气在里面，自以为是，舍我皆非，于是难免产生文明的冲突。亨氏的文明冲突论或许正是西方人按照这种思维以己度人的小人之心吧。

赞赏性的惊讶往往勉人以善，虽斯文在此，汝辈自可来学，所谓"夷狄之进于中国则中国之"是也。而指责性的惊讶常常责人以不善，进而强人以善，最终不免由强制而激起冲突。其实任何一种文明都不可避免有一种自我优越感，这种优越本是不坏的。相反，它是一种文明得以自我成立的一种标识。但无害的优越感必须有宽容为伴，否则便是一切争端的起源。实际上，单是这种宽容的胸怀、气度就是一种很值得自我优越一把的文明元素了。但恰恰在这一点上，西方人文明得还不够充分。

中国人觉得你和我不一样才正常，本来你就不是中国人嘛（没能有幸生在文明之邦、与闻斯道之教），反倒是你和我一样了才可惊讶呢。西方人则觉得你我一样很正常，天下一理、五洲同此冷暖嘛（但也要注意这理是以我为准的）；相反，你和我不一样才奇怪呢，既然同在此理之下，你怎么可以不和我一样、向我看齐呢？

相对于西方人穷凶极恶的屈人从己那股霸道式的狂傲，中国人

---

① 这里只是做比，表现一种心态，未必就是指实然的存在。

所具有的乃是一种孤芳自赏式的骄傲，我所以骄傲正在于我达到了众人所没有达到的高度。中国人之傲在于独得其高，西方人之傲在于掌握了普遍唯一的真理。独得其高便安于自赏，而真理在手却要号令一切。自赏者成己而容众，号令者依己而折人。成己容众者是万众景仰、羡慕的仙人、圣人，依己折人者是万民惧怕、屈从的寡头、独夫。我以为，中西文明的区别只在此处。

此外，同样自视为文明人，中西方的文明依据也大为不同。西方人因为自己掌握代表着真理而自信其文明。中国人却没有那么狂妄，我之为文明人只是因为我已自觉地走在了通往真理（道）的路上，此即所谓学，而野蛮人之野蛮也正在于他们的故步自封。西方人的真理已在手中，中国人的真理却在学习之中逐渐展现。西方人因为狂妄所以苛责于人，中国人因为谦虚所以宽容于人。西方人的真理观是一元独断的，不允许异己之存在。中国人的真理观是一尊多元的，因为人人都只是在面向真理（道）的行进之中，难免有程度上的差别。故一尊不害多元，多元都志向一尊，此即君子的尊贤而容众。由此可见，宽容乃是来自内在的谦虚，而苛责同样根源于内在的狂妄。

补充二

对待真理的态度，中国人多是自信，西洋人却多是自满。自信故坚之于内，外物不可移之；自满故溢之于外，必以之移外物。由此之故，同样面对不同意见者，中国人最多是道不同不相为谋，大路朝天各走半边，还不至于上升到敌我矛盾的程度。只不过我自信自己走的方向是对的，而对方或许恰好走反了，如此而已。西洋人不同，必欲使之同于己而后乃可，且自己以大先知、救世主自居，拦住人不可走旁的路。这种做法在中国人看来实在是没必要，因为一种真理如果真是真理，它会以自身的魅力（真理之光）来吸引人，而无须外在的强迫。相反，靠强迫来使人信仰的真理自身必然还不够高明。此处支撑中国人的依旧是那股内在的自信与清高。佛教中讲"佛渡有缘人"也含有一种中国的气度。

西方人总是以道强人，故必须把道实现出来给人看；中国人却是卑身侍道，坐观道的起伏往复、忽隐忽现。"人能弘道，非道弘人"，此是中西方在真理态度上的根本区别点。

什么是好的生活

"人是天生的政治动物"，这句古希腊的名言不光适用于古希腊，也同样适用于古代中国。只不过，二者对于"政治"有不同的理解罢了。

一

古希腊人的"政治"即城邦，而所谓"政治动物"亦即城邦之公民。城邦是以最高的善为目的，而城邦的生活是人之本性的完成。亚里士多德在其《政治学》中曾有言：一个人若是能离开国家而生存，他不是野兽，便是一个神。这句话中的国家也就是城邦。由此可见，在古希腊人的思想中，好的生活也就是城邦生活。

在以基督教神学为统治思想的中世纪，好的生活自然是在天国，俗世的生活遭到了贬斥。当教士、神父们要人们把全部美好的希望都寄托在遥远的彼岸时，其实便是取消了在现实中人们追求好的生活的可能性。

但在文艺复兴运动，尤其是宗教改革运动之后，古希腊的思想被重新审视。看一看从霍布斯、洛克到卢梭、黑格尔所讨论的政治哲学问题，我们就不难发现，它们全部是国家理论。而黑格尔的学说可以说是西方近代以来国家理论的巅峰，他在其普遍国家的理论中所蕴含的思想与古希腊的城邦理念是一脉相承的。此后的国家至上论都从黑格尔那里汲取了思想资源。但正如马克思所批判的，这群资产阶级的思想家只不过是对当时正在成长中的资本主义国家形态进行理论上的说明。其实黑格尔已经看到了当时国家的市民社会属性，他斥之为外部国家，而希望以普遍国家来超越市民社会，在绝对精神的普遍性中达成个人之特殊性的现实化。但黑格尔唯心主义的思维方式使他颠倒了首足，而他严重的理性独断倾向决定了他的所谓普遍国家对个人而言不过是一幅刻板的图式。与其说在其中实现了个人，不如说把个人变成一具具充满普遍理性的"僵尸"。

这或许与基督教思想的深刻影响有关。毕竟，近代所复兴的古希腊思想被加入了太多基督教思想的理解。比如，在上帝面前人人平等的思想，关于末日审判的整体救赎思想，关于唯一唯真的绝对思想，等等。仔细体味便会发现，从黑格尔的普遍国家中挥发出浓烈的上帝之城的气味。可以说，理性的绝对主义与上帝的绝对主义有着思维方式上的传承关系。当人们相信上帝时，天国还是在天上；当人们相信理性时，便要在地上建造出人间的天国，而这在黑格尔来说便是普遍国家。这种天国情结反映了"绝对、纯一、完美"的基督教思想。在基督教中，追求的永远是最好。而古希腊人追求的是好的生活。"好"与"最好"显示了古希腊与基督教及近代思想的最大差异。正如黑格尔在其《法哲学原理》中所引用的一句话：好的最大敌人便是最好。20世纪初的无政府主义思想的兴盛反映了对把国家生活作为好的生活这种近代传统观念的反动。20世纪80年代以来，社群主义思潮兴起，试图寻找超越于国家之外的好的生活的别样方式。但这些新的共同体多是以经济属性为主，这便与古希腊的城邦有了本质的不同。城邦是政治共同体，城邦生活建立在两大支柱之上：一是奴隶制度的生活供养；二是公民个人的欲望节制。这两个条件在现代社会都是不可能的。前现代社会是个政治主导经济的时代，而现代社会是个经济决定政治的时代。所以，在城邦时代，政治是公民的生活内容；而在现代，经济占据了个人的主要生活。因此，不论是社群还是其他什么组织，最后都是一个经济的而非政治的共同体。但对于现代人而言，只有把人从单纯的经济生活中解放出来，才可称之为好的生活。

二

　　古代中国人对于政治有着与古希腊人完全不同的理解，这从《论语》中的一段话便可管窥一斑。有人问孔子："子奚不为政？"孔子回答说："书云孝乎！'惟孝，友于兄弟，施于有政。'是亦为政，奚其为为政？"可见，在孔子的眼中，于家中行孝悌也是政治。所以，《大学》中有修身、齐家、治国、平天下的次第。

　　如果说古希腊的政治生活是公民身份的，则古代中国的政治生活是伦理身份的。如果认为古希腊的政治即城邦，那么古代中国的政治之根本却是家族，国家秩序不过是家族关系的扩大。如果说古希腊的城邦是地缘性质的共同体，那么古代中国的政治共同体却是作为血缘共同体的家族。当然，中国社会的政治形态也是以地缘的形式表现出来的，如体国经野的行政区划，村、镇、坊、里的聚居形态。但正如费孝通先生在其《乡土中国》中所说"地缘不过是血缘的空间投影"，血缘才是真正的共同体纽带。这从中国语言中伦理称谓的琐细发达与公共称谓的贫乏亦可想见。

　　所以，在古代中国说"人是天生的政治动物"，其意是人是天生的伦理中的一员，只有在这种复杂的社会关系中个人才能确定他的地位。

　　行文至此，不得不做一点澄清。在本文中，不论是讨论古希腊的城邦生活（法理共同体）还是古代中国的家族生活（伦理共同体），都是从观念史的层面而非社会史的层面来考虑的。若从历史上看，城邦也好，家族也罢，其实都不是完全的、好的生活。如古希腊城邦政体的衰变，《孔雀东南飞》中所反映的古代中国家族生活对个人幸福的扼杀，等等。但从思想史的角度来看，古希腊人与古代中国人恰是在城邦与家族中追寻他们心目中理想的、好的生活，而这两种思想又恰好都可以从"人是天生的政治动物"这句话中得以体现。

从历史上看，从中世纪的封建城堡直到现代民族国家，西方其后的思想与社会都没有跳出以地缘为主的政治共同体的模式规范。中国社会也大致类似，尽管各姓王朝革故鼎新，但作为中国人安身立命之归宿的仍是那两千余年未有质的变革的、以血缘为主的伦理共同体，直到中国进入现代社会。

三

缘何东西方会有如此的分歧呢？这或许首先要从国家规模及由此而形成的社会资源的分配方式来寻找原因。在西方历史上，不论是古希腊的城邦还是中世纪的封建城市，都是小共同体。这样，政治权力便易于渗入社会，成为社会整合与资源分配的主导力量，于是，法权的制度便建立起来。随着国家的规模扩展到古罗马帝国和现代民族国家那样的庞大规模，法权的国家制度也成长与完善起来。近代以来，西方市民社会恰是以个人财产权的划分为原则的，这套严密的法权体系所针对的权利主体便是个人，而国家则成为这种秩序的捍卫者。但正如黑格尔看到的，这不过是法的抽象化体现。而自秦始皇统一中国以来，其政治主要是朝廷政治、高层政治。由于规模庞大，帝国成为远离个人生活的超共同体。国家没有能力深入民间，这就为基层共同体社会的自我整合提供了自主的空间。于是以血缘为纽带而形成的天然组织——家族——便成为个人生活的直接整合力量。在家族内部，社会资源的流动与分配是按照伦理中的长幼、亲疏关系来进行的。正如费孝通先生所言，中国人的生存方式是以自我为中心的"差序格局"，它好比把一颗小石子投入水中后水面上泛起的一轮轮波纹。这样便需要模糊财产的个人属性，而强调财产的家族属性和相应的道义性。这一点可以从语言的使用得以体现。在西方，"ownership"指的是个人的所有权，而中国人在财产权上最常用的词是"家产"。在国家治理方式上，古代中国与西方的最大差异并不在于人治与法治。其实中国也曾有令世界惊叹的、完备的法律体制，并且实践于国家的治理之中。真正的差别在于，在西方的法理体系中，权利的主体是个人；而在古代中国的法理体系中，权利的主体是家族或家庭。用词的差异便反映了两个社会结构的根本不同。所以在中国，同族中富户扶危济困、修桥补路、兴办义塾都是值得称道的善举，而为富不仁则常常遭人诟病。现代社会学研究为我们提供了这方面的证明，如阎云祥的《礼物的流动》便揭示了家族亲属圈内共生互济的运行模式。个人在这样一个共生圈内要想获得帮忙、声誉等，便不得不倚仗于既有的伦理规则，这便又加强了家族的主导力量。而这种更看重财富之使用价值的社会是不会产生市民生活中的那种抽象性原则的。

以上只是笔者提供的一种最粗浅的解释，要对此问题做更满意的、深刻的解释，需要更为深入而广博的研究。但那将成为另一个研究专题，虽对本文是有益的补充，不过可能会有离题之嫌，且更非笔者学识所及，故而还是就此打住得好。

四

康德在《世界公民观点之下的普遍历史》中宣称：历史上无数代的人类只是为了最后一代人类的成功而做准备的，只有最后的一代人才能享受住进新房子中的幸福。[①]尼采在他的超人哲学中亦大声宣布：一时代之大众的存在乃是为一时代之超人的诞生而做准备的，民众是无价值的"0"，只有跟在超人这个"1"的后面，他们才有意义。

不论是康德的历史目的论还是尼采的超人学说，莫不是从根本上转化进而取消了对好的生活的现实追求。在他们看来，这种状态要么根本不存在，要么只存在于一个人，或者位于历史尽头的那一代人。人虽然生而禀赋上有差异，社会遂因此而有等级的秩序，但

---

① 康德. 历史理性批判文集 [M]. 北京：商务印书馆，1990：6.

就此而否认某一部分甚至是大部分人的生存追求，而将他们下降为手段，这在现代社会违背了基本的人类共识。等级可以有高低之分，但每一等级的人在他们所在的那个等级内有自己生存的理由。等级只是区分了不同的生活方式，而不是以一个等级为另一个等级生活的工具。每个等级自身都是目的。等级所分出的层次，只是让人有提升的可能。历史上这种等级提升论一直存在，只不过表现的形式不同罢了。

从宏观上划分，全世界曾有过三大类的等级提升模式。第一类是世俗世界与天国世界（或曰此岸与彼岸）的等级制。宗教往往持这种主张，认为人只有在后者之中才能实现好的生活。第二类是历史阶段论的等级制，如：①"自然状态－国家状态"的二阶段论。相对于自然状态，国家状态自然是好的。西方的霍布斯、洛克、卢梭等人持此主张。②黑格尔的"家庭－市民社会－国家"的正反合三阶段论。国家是家庭原则与市民社会原则的最后统一，是绝对精神的最后完成，是人性的最终实现。其理论大有"周兼于二代，郁郁乎文哉"的气势。

以上两大类的等级提升论都有明显的基督教之末日审判、末世救赎的情结，总是把问题的解决寄托于最终的、一次性的、根本的乾坤扭转。而且二者皆把等级制安置于不同的时空之中，有很强的历史目的论色彩。其实，在历史目的论里，人的主体地位已让位给了神或理性，所谓最终目的是必然性的完成，人仅仅成为实现历史本身的工具。但正如前文所言，每个等级、每个人都是目的，好的生活只能是在此中的追求，否则便是取消了这种追求。绝对理念在其实现之前对人类而言都是一个与天国一样抽象的彼岸。画饼不能充饥，理论的完美不能缓解现实的痛苦，最好的彼岸也不能替代现实中对于好的生活的追求。

上面提到了两大类的等级提升模式，而这第三类便是古代中国的同一时空（即现世社会）内的等级制。它没有以上二者那种抽象性，而着重于人的现世生活，并且兼顾了每个等级、每个人的生存合理性。高下的等级存在于一个社会之中，每个等级的人按照与之相应的生活规范去生活。各等级之间虽有分别却又不是壁垒森严，每个人可以重新选择他所认为的好的生活，因为在等级之间存在制度化的流动渠道。与前面提到的那种末世救赎情结相对，这种等级制反映了一种渐进的思维（这种渐进不是不同时代、阶段之间的整体递进，而是同一时代之内的、在人之一生中可望实现的提升），而且也反映了一种多元主义的主张。这种多元主义是一元之下的分层，是等级式的多元主义，而不是并列式的多元主义。并列式的多元主义，各元之间是平等关系；等级式的多元主义，各元之间是高下关系。各等级各安本位，按其应该的方式生活。所谓应该，是个人对其所在等级之生活样式的满意度认同。可流动的等级制社会，有秩序而又不僵化。在这种社会里，好的生活对全体而言是分批实现的，而不是平等主义的同进同退。由此，这种等级制便扬弃了理性主义的独断和绝对主义的抽象，完成其现实性。

五

第三种等级制在理论上仍有其生命力，但失去的理想还可以找回吗？现代社会的症结在于人成为生产的人而非生活的人，经济决定整个社会的生存结构。在既有的经济基础之上，建立起来的只能是以货币量来划分的等级。如何把人从经济的桎梏中解放出来才是实现好的生活的关键所在。但办法在哪里呢？我只能提问，却无法回答。

赘语

佛说：登岸舍筏。庄子曰：得鱼忘筌，得兔忘蹄。我远未到"舍"与"忘"的境界，所以还是要孜孜以求于学术之间。但说到底，这学术于我而言不过是这筏、这筌、这蹄，我的心终究不会安放于此中，我毕竟是要以我全部的身心去生活的。

　　我于学术这片天地中向无什么路径，一直以来只是凭借脑中的这个问题在寻找。它是我在丛林中夜行的北极星，有了它才使我不致迷失方向。

　　本文之写作正是秉持这样一种想法。我不是为别人而作，我首先是为我自己而写。

　　当然，这是一个极大的问题，我所奉上的不过是一点初步的思考。

　　如果说在此之外，我还有什么企图的话，不过是希望借了这个问题让那些正在匆忙赶路的人们稍稍停留片刻，静一静气，安一安神，在再次举步之前先想一想，这路该往哪里走。

　　与其同意我的观点，不如来和我共同思考这个问题。这便是我的奢望。

两种政治概念

一

什么是政治？言人人殊。在不同的时代、不同的地域、不同的人群，有着不同的理解。即使在同一时代、同一地域、同一人群，不同的思想家也还有着不同的主张。中国东周时代的诸子百家是这样，古希腊时期的各个思想流派是这样，如今的自由主义、保守主义也还是这样。

对于政治的不同理解，在西方政治思想史上主要表现为一系列的国家学说，在中国政治思想史上主要表现为对治国之道的论述。本文希望通过对二者之间的比较，映显出东西方两种不同的政治概念。对于西方国家学说的梳理主要着重于近代以来尤其是发展成为今天主流意识形态的学说，对于中国治国之道的把握则主要是指在春秋战国时代奠定的、贯穿于秦汉以后整个中国之帝制时代的政治理念。①

政治概念反映了人们对于生活的一种理解与领悟，而人生离不开安身、立命这两大需求。本文将从安身立命的角度切入对于两种政治概念的辨析。所谓安身，主要是指人的生存，它涉及权利、利益、安全等要素。所谓立命，主要是指人的情感依靠、精神寄托或对生

---

① 尽管儒学从先秦的原始儒学到两汉经学再到宋明理学有一个不断变异的过程，但笔者以为其对政治的理解可谓万变不离其宗。

命之意义问题的解决。

本文通过梳理中西思想史上对于"政治"这一概念的不同理解，探讨了中西古今两种政治理念的差异。现代政治就像一家公司，它只解决安身问题，亦即生存问题，所以权力和利益是其关注之核心；而古代政治更像一所学校，它以安身和立命作为自己的职责所在，除了生存之外还要为人生寻找存在的意义。前者只是一种身体政治，后者则是一种生命政治。

二

在西方政治思想的源头古希腊，政治即城邦。亚里士多德说："人是天生的政治动物。"这句话的另一种表达是：人是天生的城邦动物。可见，政治生活也就是城邦生活。作为公民，人在城邦共同体的这一空间中生活，宗奉一位共同的保护神。人们安身于此，立命于此。在古希腊，政治是一个统一的概念。

中世纪，在政教二元的社会制度格局中，政治是作为与宗教相对应的一个概念存在的。神学国家论认为，国家的权力来源于上帝，神权高于政权，国家从属于教会，国家的目的是伦理的，国家是引导公民达到快乐而有道德的生活的组织，是为了"维持正义和公平"，是实现和平和制约犯罪行为的工具。① 在教会和封建国家的权力斗争中，这种政教合一论无疑是为教会权力的扩张服务的，反映了宗教试图对社会实行一元化统合的企图。但国家却恰恰通过强调自己的世俗性职能来保护自身的独立地位。在政教分离运动中最有名的一句口号是：上帝的归于上帝，恺撒的归于恺撒。现实中，佃农依附于封建领主，成为臣民，以此获得生存与安全的保障。同时他们又依附于教会，成为教民，期望获得救赎，以实现对天国的企盼，得到精神上的寄托。于是，个人在封建国家中安身，在教会中立命。此

① 中国大百科全书总编辑委员会,中国大百科全书出版社. 中国大百科全书·政治学卷 [M]. 北京：中国大百科全书出版社，1992：140.

时的政治概念比之古希腊已经狭隘了一半。

近代以来，马基雅维利将政治与道德分离，从理论上实现了国家从中世纪的神圣性到近代的世俗化的初步转变。博丹的主权论将国家从君主个人引向抽象的主权，为后来的契约论、自由主义等开辟了可能。①

1517 年马丁·路德的宗教改革最终结束了西方基督教的统一，而 30 年的宗教战争更是震撼了整个欧洲。"信念上的革命，以及宗教、社会及政治诸多方面的冲突，使君主专制制度在 17 世纪中叶得以建立，路易十四的专制统治就是最有代表性的例子。"②昔日林立的封建大公国逐渐形成中央集权的绝对主义君主国。随着政教分离的实现，国家的世俗性也得以确立，政治概念也收缩于安身之域。

启蒙运动继承了文艺复兴以来的人文主义，在促进资产阶级国家之独立性的过程中，也进一步强化了其世俗性。比如，这一时期的思想家在重新探讨国家的起源和目的时，以社会契约论代替了君权神授论。按照社会契约论的论证，个人出于生命、自由、财产等目的组建了国家，于是国家便不再具有中世纪国家的那种伦理性。此后的自由资本主义时期的思想家更是进一步推进了这一思路。以边沁为代表的一批政治思想家，反对启蒙学者从绝对理性、永恒正义的抽象原则中引申出的国家理论，他们摒弃了"自然法""社会契约"等概念，代之以功利主义的原则作为国家学说的理论基础。至此，国家在其理论上彻底完成了世俗化，安身成为国家的唯一职能，权利、利益成为现代政治学的核心概念。在政教分离的近代转变中，中世纪国家与教会在组织上的二元结构最终造成人之安身与立命的功能性断裂。政治与宗教的二元格局在近代则以国家与社会的二元划分

---

① "如果先前没有建立'主权话语'，那么，无君主的政体以及与英国革命相伴的各式各样的共和制理论和自由主义，都无从产生。"［英］安东尼·吉登斯．民族—国家与暴力［M］．胡宗泽，赵力涛，王铭铭，译．北京：读书·生活·新知三联书店，1998：117.

② ［法］德尼兹·加亚尔，贝尔纳代特·德尚，等．欧洲史［M］．蔡鸿宾，等，译．海口：海南出版社，2002：359—360.

的形式继续存在。

但人终究有立命的需求。在宗教丧失其在立命问题上的绝对权威之后,觉醒的西方人试图把生命的意义寄托于理性的个人主义自由之中。但在激情冷却之后,启蒙学者们便发现了其中的问题。休谟指出了"理性"一词隐藏的含混之处,从而使自然法体系的原理本身成为问题;卢梭把心灵的理性同头脑的理性对立起来;康德将理论理性同实践理性做了最尖锐的对比。^①到了19世纪,理性论已丧失它的权威。"所谓彻底理性化的个人——完全以自己的个性所天然生成的癖好来确定追求的目标——是一个经不起历史学和心理学认真探究的概念。"^②于是,西方人不得不走出个人主义自由的幻想,开始了对立命之所的再一次寻找。在法国,卢梭的激进思想把公民身份理想化;在英国,柏克的保守思想则把传统理想化;^③在德国,黑格尔的思辨哲学把国家普遍绝对化。

黑格尔在其《法哲学原理》中曾经试图利用辩证法再度完成国家的神圣化与崇高化。在他的家庭—市民社会—国家的辩证发展链条中,国家超越于市民社会的个人主义之上,它是伦理理念的现实,只有在国家之中个人才完成普遍性与特殊性的完美结合,实现真正的自由。但黑格尔又说:"国家的目的就是普遍利益本身。"^④如此看来,好像国家还只是涉及安身问题。虽然国家实现了主观自由和客观自由的统一,但这种自由对于个人仿佛已没有立命的意义。因为在黑格尔的哲学体系里,国家之上还有一个更高的层次——艺术、宗教和哲学。"个人灵魂的道德和宗教有着独立于国家的无限价值。"因为,"'神',即绝对或理性,既不由国家构成也不由国家所穷尽……绝对精神是艺术、宗教和哲学的源泉,而这三者在某种意义上是超

---

① [美]乔治·霍兰·萨拜因. 政治学说史(下册)[M]. 盛葵阳,崔妙因,译. 北京:商务印书馆, 1986:695.

②③ [美]乔治·霍兰·萨拜因. 政治学说史(下册)[M]. 盛葵阳,崔妙因,译. 北京:商务印书馆, 1986:722.

④ [德]黑格尔. 法哲学原理[M]. 范扬,张企泰,译. 北京:商务印书馆,1995:269.

越国家的。"^①在黑格尔庞大的历史目的论的哲学体系中,个人、民族、国家都不过是在它们内部进行的那种世界精神的事业的工具和机关。历史便是这样一幅世界精神逐渐展开的画卷。康德的"人是目的不是手段"的理念在黑格尔这里遭到了彻底的颠覆。

"二战"时期的法西斯主义再次鼓吹国家至上理论,强调国家是目的,人民则是实现国家目的的工具。它试图通过国家为民众提供安身立命的双重服务,但反而误将国家本身作为目的,使人的安身立命只具有抽象的意味,结果造成可怕的恶果。"二战"之后,这种理论便臭名昭著,并且导致了西方主流意识形态的根本转变。

"二战"以后,出于对法西斯主义的恐惧,在西方主流意识形态中,全能至上的普遍国家理念再次被否定,世俗化的国家理论再次复兴。国家的职能被圈囿于安身之域,个人到社会中去寻求立命的根基。无论是 20 世纪 70 年代之前新自由主义的福利国家论,还是此后自由保守主义的最小国家论,他们所争论的不再是要不要由国家来帮助个人解决人生意义的问题,而是国家如何保障个人之安身,即国家是否应该干预经济的问题。这其实只不过是在前面那个大的共识之下的政策性分歧。在政治理论的重建方面,罗尔斯的新契约论,伯林对消极自由与积极自由的区分,诺齐克的最小国家论以及多元主义和一元主义的分歧,都反映了要求政治退出立命之域的主张。通过对政治、国家、政府这三个概念的区分,现代西方主流意识形态完成了对政治概念的重新定义。现代人所共识的政治就是以消极自由为精神、以大众民主为形式、以经济为内容、以权利为实质的一种生活方式。

世俗与超越的二元思维导致了西方人安身与立命的分离,于是形成了政治—宗教、国家—社会这样的二元结构。在政治中安身,在政治之外(不论是宗教还是自由)立命,这便是西方政治思想自中世纪以来的传统,也正是西方人的政治概念。施米特在其《政治

---

① ［美］列奥·施特劳斯,约瑟夫·克罗波西. 政治哲学史(下册)[M]. 李天然,等,译. 石家庄:河北人民出版社,1998:849.

的概念》一文中将政治看作以敌友划分为标准的、为生存的目的而进行的斗争，可谓揭示了现代西方政治概念的本质。

三

与西方人那种出世性（超越性）的立命根本不同，中国人持一种入世的态度，并不执着于到一个超越于自身之外的凝固的东西中去寻找自己的立命之处，而是把命立在世俗之内、生活之内。所以，对西方人而言，安身与立命是分离的，但对中国人而言却是合在一起的。从职能上看，政治要为民众提供安身立命的双重保障。这便形成了中国古代"教养并施，寓教于政"的政治观。所以在古代典籍中，我们的祖先多使用"政教"这个词，而不是去除了教化意蕴的"政治"这个现代词汇。

所谓教养并施，就是认为政治的职能在于养民与教民两方面。养即对于社会生产和分配的管理，"以养人之欲，给人之求。使欲必不穷于物，物必不屈于欲。"（《荀子·礼论》）教即教化，使民依于礼义，学为圣人，成为道德上的君子。荀子曰："故学者，固学为圣人也，非特学为无方之民也。"（《荀子·礼论》）所以，养民便是要使之安身，教民便是要使之立命，教养并施才是牧民之全义。在中国儒家的古典文献中，我们经常可以发现教与政、圣与王、君与师、贤与能、德与才、次（位）与官、礼与法、士大夫与官人之间的对举，其实就是针对安身与立命的不同政治职能而言的。这还可以从荀子对君主之职能的论述看出来。"君者何也？曰：能群也。能群也者，何也？曰：善生养人者也，善班治人者也，善显设人者也，善藩饰人者也。"（《荀子·君道》）用今天的话说就是，君主的职责在于养人、治人、用人、教育人。"君者，已能食之矣，又善教诲之者也。"（《荀子·礼论》）同样，在《论语》中孔子亦有既富之又加以教之的表述。《尚书·泰誓》中也有"天佑下民，作之君，作之师"之说。孔安国传之曰："言天佑助下民，为立君以政之，为立师以教之。"①

但教与养两种政治职能在君主的身上是统一的，也就是说，圣与王、君与师的身份是合一的。"天下者，至重也，非至强莫之能任；至大也，非至辨莫之能分；至众也，非至明莫之能和。此三至者，非圣人莫之能尽。故非圣人莫之能王。"（《荀子·正论》）既然只有圣人才能王，可见二者是一体的。只不过圣是就其德行而言，王是就其势位而言。

"天子也者，执至重，形至佚，心至愉，志无所诎，形无所劳，尊无上矣"（《荀子·君子》），故可以合二为一。但到具体执行这两项职能的时候，则不得不有所分工。这就是对贤能德才的区分。"贤士者，有道德者也。能士者，才艺也。"②贤士以佐君施教，能士以助君厘务。君主的职责就是"尚贤使能"，以其等位爵服以容天下之贤士，以其官职事业以容天下之能士，"谲德而定次，量能而授官，使贤不肖皆得其位，能不能皆得其官"。所谓次、位是指以德行为标准的、纵向的等级划分，所谓官则是指以能力分殊的、横向的职能分工。所以，在教化的领域内，整个社会是一个次第的、有序的级列，仿佛一所大学校，这样每个人才可能循序上进、不断提升自己的德行。在管理的领域内，整个社会又是一个各尽其能、分工协作的群体。贤者，先也，先所以导之也；官者，管也，管所以理之也。这种区分往往落实在职官的设置上。在中央政府，自古便有司徒掌教化、司空掌工程制造的分工；在地方，由于机构设置要简单得多，往往实行一长独任制，一身兼二任，但在乡里还是有三老佐之教化。但德与才只是性质属类上的区分，在现实中它们往往统一于君子的身上。而且现实中往往是寓教于政，二者合为一套社会规范。在古代，一个官员尤其是地方的亲民之官，对老百姓而言，他不仅是一个管理者，更是一个在道德上被众人效法的楷模。所以，中国古代对于为官之

---

① 李学勤. 十三经注疏（标点本）·尚书正义 [M]. 北京：北京大学出版社，1999：272.

② ［清］王先谦. 荀子集解 [M]. 北京：中华书局，1997：215.

人才的要求一直是"德才兼备"。认为中国古代的政治制度是以一套机构和官员兼担两种职能与目的，这只是我们后人的看法。在古人看来，二者本来就是不可分割的。

由于安身立命的一体化，中国古代对经济的干预的首要目的不在于效率，而在于伦理和道德的教化。寓教于政的政治，其对社会的管理是以促进伦理和道德的美善为目的的。所以，在中国古代，国家是否治平关键不是看富足与否的经济指标，而是看民风是否笃实敦厚。中国人追求的是天下的太平，而不是国家的强大。追求国富民强都是在国家遭遇强大外敌威胁的情况下的应变之策，而非国人之最高理想；是霸道，而非王道。两宋时的变法图强是因此，清末的洋务运动也是因此。这一点从中国古代的经济思想可以看出来。

中国古代的经济思想有三条根本原则：一、藏富于民。《论语》中有"百姓足，君孰与不足？百姓不足，君孰与足？"（《论语·颜渊》）《荀子》中亦有"下贫则上贫，下富则上富。"（《荀子·富国》）所以，中国古代不会有福利国家这样的政策。二、劫富济贫。"天之道，损有余而补不足。"（《老子·七十七》）"礼者，断长续短，损有余益不足。"（《荀子·礼论》）这在中国人看来是合情合理的。相反，不行此道便会被斥为为富不仁。但劫富济贫不等于平均主义，于是便有了原则三：礼有差等。虽然"皇天降物，以施下民"，但却"或厚或薄，常不齐均"（《荀子·赋篇》）。在中国古人看来，人有贵贱之分，社会财富的分配便应有多寡之等，这样才是公平的。"故先王案为之制礼义以分之，使有贵贱之等，长幼之差，知愚能不能之分，皆使人载其事，而各得其宜。然后使谷禄多少厚薄之称，是夫群居和一之道也。"（《荀子·荣辱》）相反，对于那种绝对平均主义的主张常常斥为"僈差等"。在我们现代的语言中，平等与不平等是一组对应的词语。但在古代，同样的意思却表述为差等和僈差等。否定词位置的不同反映了古人与今人之间截然相反的价值取向。

由政治来提供立命的功能主要体现在国家制定并提倡的一套伦理规范。此时的国家（主要体现为上至君主下至各级官员的人格化形象）是一个伦理的、道德的团体。国家好比是一所大学校，君主好比是校长，各级官员好比是教师，百姓好比是学生。学校依靠学生缴纳的学费而存活，学生虽然供养老师，却要服从老师的教导。

对于养民之责，比较好理解，因为任何一个社会都需要管理。至于教民，现代人则会有颇多的忧虑与反感。一则是因为个人主义伦理对个体自由之张扬，一则是因为对于近代历史上种种极权主义的心有余悸。其实，中国古代养民与教民的政治观都是以其对人的基本看法为基础的，这其中尤以荀子的性恶论最为著名。①

荀子认为，人性本恶，在这一点上，所有的人都是一样的。"君子之与小人，其性一也。"（《荀子·性恶》）但人又何以会有智愚、能不能的区别呢？荀子的解释是，"干、越、夷、貉之子，生而同声，长而异俗，教使之然也"（《荀子·劝学》）。"譬之越人安越，楚人安楚，君子安雅，是非知能材性然也，是注错习俗之节异也。"（《荀子·荣辱》）关键还是后天的教育及其生活环境的习俗规范造成了个人后天的差异。君子与小人的区别在于，"君子乐得其道，小人乐得其欲"（《荀子·乐论》）。所以，圣人可以化性而起伪，以生礼义、制法度。至于小人，既然不能自化其性，则不得不学，学则不得不有师、法。人的人格应该是平等的，因为不论圣人还是小人，其性一也；但人在后天的德行和能力上又确实存在无可否认的差异性，这种差异性不完全是由于后天条件的不平等（如受教育的机会等）造成的，有些完全由个人的而非社会的原因导致。所以，荀子对人的看法可谓是"生而平等，长而差等"，故而人有高下贵贱之分。这种既承认人之先天的平等性又承认人后天在学习中之差异性的差等原则，比之那种单纯以出生、血缘来立论的不平等观和那种以天生的平等否定一切差异性的绝对平等观更符合人类社会的现实。片面的等级观容易造成对人的压制，而片面的平等观则容易造成对人的放纵。只有荀

---

① 孟子的性善论，主要是在唐宋孟子升格运动之后成为显说，但这并未改变已然形成的统治学说中关于教民的观念，且与性恶论有殊途同归之效，故而此处略而不论。

子的等级观才能使人在社会的教化中循序渐进、化性起伪，积而为圣人、君子。"故圣人者，人之所积而致矣。"（《荀子·性恶》）所以，荀子认为"涂之人可以为禹"。

这里顺便谈一点政治平等观与差等观。近代以来西方的政治一直坚持限定于安身之域，所以它持一种平等政治观。因为它不必考虑人之德性方面的差异性，只以生而平等为依据，只涉及权利、利益与安全等要素。而在古代中国政治合安身立命为一体，于安身中以期立命，于立命中以达安身。所以，它更重视人由于后天因素而形成的德行上的差异。因此，它主张的是一种差等的政治观。平等与差等不是我们所想象的完全对立的两种观点，更确切地说它们是适用于不同领域的两套原则。所以，在今天的西方我们才会看到政治中的平等原则和教会中的等级制的共存，并没有因为否定了由于财产占有所造成的等级制而同时否定由于德性、知识之差异性而形成的宗教中的等级制。所以，我们没有理由以近代以来的平等政治观来否定中国古代的差等政治观，因为两种政治的含义本来是不一样的。

至于担心教化会造成现代极权主义的恶果，则不过是杞人之忧。第一，不论是西方"二战"以后的福利国家政策的从摇篮到坟墓的终生保障，还是法西斯主义对人的绝对控制，都是现代性的产物。资本主义经济发展造成的社会高度组织化为国家实现对社会的整体控制提供了可能性。"只有现代民族－国家的国家机器才能成功地实现垄断暴力工具的要求。"①而在传统社会以小农经济为主的分散性社会结构不可能达到如此的控制程度。这一点从传统与现代国家之财政收入占其全社会财富总额之比例这一项指标就可以看出。所以，作为必然的结论，中国古代社会的君主专制也好，中央集权也罢，与现代国家的极权主义在本质上是完全不同的。君主专制不等于国家专制，中央集权不等于国家极权。君主专制是就政治权力系统内部之

---

① ［法］列菲弗尔. 论国家——从黑格尔到斯大林和毛泽东［M］李青宜，等，译. 重庆：重庆出版社，1988：20.

君权与作为官僚权力之代表的相权之间的权力对比关系而言的，中央集权也是就政治权力系统内部之中央与地方之间权力对比关系而言的。可见，不论是君主专制还是中央集权，都是就政府内部之权力格局而言的，是政体问题；而极权主义则是就国家与社会之间的关系即国家对社会的强控制而言的，是国体问题。二者所指显然不同。所以我们才会看到，即使在中国君主最专制的明清两代，中国普通的老百姓依然可以优哉游哉，而没有像法西斯主义下的民众一样丧失完全的自由。

第二，从这种教化思想本身而言，它没有极权主义那种强烈的普遍主义意味，所以也不会强制地要求每一个人必须接受这种教化，否则便可以将之作为异类从肉体上消灭掉。从方式上看，教化是通过一系列消极的方式来推行的，如司法判决、申饬、劝学、表彰、察举、上行下效的示范等，讲究移风化俗、因俗化民，而非以政令强制，所以不会过激地推行教化。从态度上看，教化者并不追求普遍的整体性救赎，而是认识到亦有所止。"羿、蜂门者，天下之善射者也，不能以拨弓曲矢中微；王梁、造父者，天下之善驭者也，不能以辟马毁舆致远；尧、舜者，天下之善教化者也，不能使嵬琐化。"（《荀子·正论》）故"君子之所谓贤者，非能遍能人之所能之谓也……有所止也。"（《荀子·儒效》）所以荀子才会说："然则朱、象独不化，是非尧、舜之过，朱、象之罪也。"（《荀子·正论》）孔子也曾讲："唯上知与下愚不移。"（《论语·阳货》）对于不可移之下愚，圣人不强求教化之，止于此也。此外，在对待这些冥顽不化的下愚之人的处理上，教化者比之极权主义也要宽容得多。最多不过将之流放于边野化外之地，逐出圣人所化之国，如舜之放逐共工、蚩尤等四凶，而不会以某某名义将之从肉体上消灭掉。

正是由于将政治理解为教与养两大功能，所以儒家在人治与法治之间才会更赞成人治。由于官员尤其是地方的亲民之官要一身兼二任，所以他们不仅要有善于处理事务的才艺，还要有值得下民效法学习的德行。如果单是以处理事务为目的，那自然是法治比人治更有效率。但在寓教于政的古代政治中，处理事务除了考虑效率之外还要注意其社会影响，即教化效果，所以便不可一概而论。在讲到法的时候，荀子区分了法义、法数和类三个概念。法义即法之原理，法数即法律条文，类即判例。任何法都不可能涵盖社会生活中出现的每一个问题，这就需要执法的官员在用之于民时灵活有度，而只有君子才会深刻地立足于法义而善于应变又不偏过。"故有良法而乱者，有之矣；有君子而乱者，自古及今，未尝闻也。"（《荀子·致士》）所以，君子比法更重要，关键还是在人。即使现代的法官也要有一定的自由裁量权。人治以教化为职责，只有一个君子才能胜任，故其治因人而兴败；法治以公平、效率为目的，只要一套健全的机制便可满足，故其治因法而兴败。二者所求者殊，则其所求之术异。所以，不可简单地比较人治优于法治还是法治优于人治。手段的孰优孰劣是以其合目的性为比照的，既然目的不同，自然便无法比较其手段了。

四

近代以来西方的政治概念只限于安身问题，中国古代的政治概念则兼有安身与立命的双重职责。前者来自西方人"两个世界"的宗教传统，后者则植根于中国人"一个人生"的入世态度。以此来看，倒是作为西方文明源头的古希腊在政治的理解上和中国人更为接近，因为他们都还生活在一个统一的世界里。所以关于两种政治概念的区分就不仅是东西之别，更是一种古今之异。贡斯当把自由区分为古代人的自由和现代人的自由，其实我们同样可以把政治划分为古代政治和现代政治。前者是一种整全的生命政治，后者则只是一种放逐了灵魂之后的身体政治。这便是两种政治概念的根本差异。

荀子政治思想辩白

一、引言：材料、方法与研究目的

（一）材料

有关荀子思想的材料主要保存在《荀子》一书中。与《论语》语录体的简洁、《孟子》对话体的明了相比，《荀子》一书多为文章体，遣词造句、铺陈修饰十分讲究。由于历史上乏人注解，其书湮没无闻垂一千年，直至唐代才有杨倞的注本传世。而杨倞之后，注荀者又后继无人，遂使其文字舛错历代相因，加之辗转传写刊刻，讹误亦复不少，致使其书在清代朴学家整理之前颇为难读。即便今日，不同版本亦还有标点、断句、文字、句序上的差异。

有关《荀子》一书主要涉及两个问题：一是真伪；二是版本、注本。大凡先秦著作多有辨别真伪的问题。但所幸关于《荀子》真伪问题的争论，似乎已有了结论。据已有研究①，现有的《荀子》三十二篇并非全为荀子所著，它们与荀子的关系大致而言可以分为三类：荀子亲手所著，如《劝学》《修身》《不苟》等二十二篇；荀子弟子对荀子言行的记录，即《儒效》《议兵》《强国》《大略》《仲尼》五篇；"荀卿及弟子所引记传杂事"五篇，即《宥坐》《子

① 廖名春．荀子新探［D］．长春：吉林大学，1992：133；张铉根．荀子政治思想之研究［D］．台北：台湾中国文化大学，1991；惠吉星．荀子与中国文化［M］．贵阳：贵州人民出版社，1996：37.

道》《法行》《哀公》《尧问》。这三类中，前两类可以视为研究荀子思想的直接材料；后一类虽非荀子之作，但亦与荀子有关，可以看作研究荀子的间接材料。所以，大致来说，《荀子》一书三十二篇皆可作为对荀子思想进行研究的可靠材料，其书基本上不存在伪作的问题。

起初，荀子的著作以单篇流传，直到西汉成帝时，刘向整理秘府藏书，才将其校除重复，编辑成书，当时名曰《孙卿新书》。今日所见三十二篇的《荀子》是后经唐代杨倞重新编排并作注的定本，《荀子》的书名也是杨倞所改。但在唐宋经学变革的过程中，由于孟子被抬高升格为"亚圣"，《孟子》一书也被升格为经，于是与孟子之性善说唱反调的荀子自然被批得一无是处，甚至被扫出儒门。自是，宋、元、明三代学者竟大多不读荀子之书。清中叶后，在汉学反宋学、复兴诸子学的浪潮中，《荀子》才又为学者所重，而注荀者亦辈出，如谢墉、汪中、郝懿行、卢文弨、王念孙、俞樾诸人都曾对杨倞的《荀子》注本做过校勘、诠释、订误的工作。王先谦的《荀子集解》代表了这一时期的最高成就。[①] 故而，笔者将之作为阅读研究的底本。

虽有前代学者的整理，但毕竟《荀子》一书经历了两千年的沉寂，辗转传写刊刻，讹误颇多。所以，《荀子》一书仍然不易读。为此，笔者在以王先谦的《荀子集解》为底本之外，另又选五个注释本参照对勘，它们是唐代杨倞的《荀子》注本、今人张觉的《荀子译注》、章诗同的《荀子简注》、"文化大革命"时期天津三结合注释组的《荀子选注》和吉林大学注释组的《荀子选注》。"文化大革命"时期的两个选注本虽然在对荀子思想的解读与评价上受到当时意识形态的影响，但从其文字注解上看不乏简洁精当之处，仍有其学术价值。所以笔者不废其言，列为参考书。此外，笔者还使用高正的《〈荀子〉版本源流考》一书所收集的不同版本之间的异文，参照上下文及其

---

① 惠吉星. 荀子与中国文化 [M]. 贵阳: 贵州人民出版社, 1996: 276-279.

所在篇章的主旨，择善而从。

（二）方法

目前有关荀子思想研究的学术成果很多，笔者所见只是其中有限的一部分。但以笔者之陋见，眼下的荀子研究从方法上看还存在以下不足。

（1）方法论上的个人主义。"根据这种理论，任何说明都不能被认为是恰当的或'基本的'，除非使用了只涉及个人的术语（通常包括它们的倾向、信仰等）。"[①] 这反映了当今世界主流意识形态的价值观对现代人思想的圈囿。

在中国古代思想的研究中，方法论上的个人主义表现便是自觉或不自觉地以个人主义的价值观对古人的思想进行解读、评价，要么是通过不恰当的比附把古人引为今人之知己，像新儒家一样到中国古代典籍中去寻找自由民主的种子；要么是戴着有色眼镜将古人视作现代极权主义灾难的渊薮与同谋，不免迁怒移恨，或是借古诽今。这种情绪化的冲动往往导致研究失去客观的认识与评价，使我们除了对古人怀有一种或喜或怨的主观态度之外，对其思想也缺乏真正的了解。

谈到个人主义的价值，现代中国人大多认为它是西方的舶来品。中国古代有没有这样的思想还不敢确定，但起码与西方之个人主义一模一样的思想是没有的。因为，我们的民族没有基督教的经历。[②] 所以，中国古人的思想与之有差异是自然的。关键是面对这种差异，我们是简单地以一者否定另一者，还是通过比较进而加深对这两种不同思想的理解。若是前者，自然是所见皆非。试想，以今日之长度单位去度量古代的东西，在数值上哪有不差错之理？

所以，本文在方法上将尽量避免这种个人主义的先入为主，而

---

① 迈克尔·R. 马丁. 个人主义和儒家的道德理论 [G]// 复旦大学历史系, 复旦大学国际交流办公室. 儒家思想与未来社会. 上海: 上海人民出版社, 1992: 35.

② 丛日云. 在上帝与恺撒之间——基督教二元政治观与近代自由主义 [M]. 北京: 生活·读书·新知三联书店, 2003.

是将今日的自由主义思想与荀子的思想看作两种思想类型，尽可能对之进行类型学上的比较，以期有助于对古人思想的理解。陈寅恪先生在冯友兰的《中国哲学史》审查报告中曾指出，研究中国古代的思想必然要对古人有"了解之同情"。"所谓真了解者，必神游冥想，与立说之古人，处于同一境界，而对于其持论所以不得不如是之苦心孤诣，表一种之同情，始能批判其学说之是非得失，而无隔阂肤廓之论。"① 以今判古显然缺乏同情的心态，在对自由主义同样保持批判与反思的基础之上进行的古今类型学比较庶可接近这种同情之了解。

荀子在《解蔽》篇中谈到认识方法时提出了"虚一而静"的原则。所谓"虚"便是"不以所已藏害所将受"，所谓"一"便是"不以夫一害此一"，所谓"静"便是"不以梦剧乱知"。此处的"虚""一"或许可以对治现今价值先入、以今判古的弊病吧。

（2）社会进化论支配之下的恃今傲古。与方法论上的个人主义相比，这实在是一种很低级的毛病。其缺点本来不值得一驳，但由于流毒甚剧，又不得不指出。如果说个人主义的以今判古尚是基于一种价值认同的理性偏执，那么此种毛病则不过是现代人的盲目自大而已。这与近代以来反传统思潮对中国古代文化的种种丑化和诬蔑有关。流毒至今，仍有国人以非古为尚。胸无点墨、心乏寸见却常常以批评者自居、以评价者自任，对古人少同情之了解，多无知之刻薄。

学术研究该多一些同情与理解的认真治学，少一点傲古诽古的情绪，多一点对古人及古人思想的崇敬与宽容。正如徐复观先生所言，"治学的态度要比方法更重要"②。若是在研究之前先横了一反中国文化的心理，其研究的客观性与可信性自然值得怀疑。

当年徐复观先生初向熊十力先生请教学问之道，熊先生要他先

---

① 冯友兰. 中国哲学史（下册）[M]. 上海：华东师范大学出版社，2001：432.
② 黄克剑，林少敏. 当代新儒家八大家集·徐复观集 [M]. 北京：群言出版社，1993：60.

去读王夫之的《读通鉴论》。读完之后熊先生问他有何心得，他却接二连三地说出许多不同意的地方。熊先生未听完就怒声斥骂他："你这个东西，怎么会读得进书！任何书的内容，都是有好的地方，也有坏的地方。你为什么不先看出他好的地方，却专门去挑坏的；这样读书，就是读了百部千部，你会受到书的什么益处？读书要先看出他的好处，再批评他的坏处，这才像吃东西一样，经过消化而摄取了营养。"①徐复观先生称这是对他"起死回生的一骂"。学术的研究不该是对所谓历史死狗的毫无意义的批判，而应是从历史中汲取有益的养分，实实在在地创造出真实的、美好的今天。

（3）从古人的著作中抓住一两根线头，之后便自说自话起来，以自我的逻辑演绎代替对古人本意的原始解读。先是把古人引入雷区，自己再煞有介事地大大批判一番，光荣了自己，却不管古人是否该当其咎。这种毛病多由不仔细读书、喜断章取义所致。宋人之批判荀子之性恶论、伪善论便是如此，看到一个伪字便以为是真伪之伪，全不解其本意，遂不卒读其下文，便急忙大加一番批驳。②今日仍有人见到荀子讲"性恶""化性起伪"就联想到对人性的改造，进而联想到专制极权统治；见到荀子讲"礼治""人治"就以为必然排斥法治，不讲法度；见到"尊君"就说是君主专制，等等，多是如此。

（4）有人断章取义，亦有人贯章取义。所谓贯章取义便是强替古人梳理出一套所谓的思想体系，逻辑上自恰，材料亦一本原文。但《荀子》全书三十二篇非一时之作，亦非出于一人之手，而求之以一贯无碍之框架，难保不产生对古人本意理解上的偏差。中国之古人不同于近世之学者，喜欢自成一理论体系，形上形下无所不包。荀子更相信"书不尽言，言不尽意"（《周易·系辞上》），所以他不过是以其不成体系的各个方面的论述来呈现道的不同形象。如孔子

①　黄克剑，林少敏．当代新儒家八大家集·徐复观集［M］．北京：群言出版社，1993：51．

②　胡适．中国哲学史大纲［M］．上海：上海古籍出版社，2000：227．

常常向他的学生解答仁是什么，但当他的学生反过来问他，达到了如何如何就可以称作仁吗？孔子的回答是"不知道"。这就好比说 A 是 B，A 是 C，A 是 D，但反过来说，B 就是 A 吗？不是。C 就是 A 吗？不是。D 就是 A 吗？不是。那么，B、C、D 加起来是不是就等同于 A 呢？也不是。B、C、D 都只是显现了 A 的一方面，关键是要通过对 B、C、D 的把握而能逆想作为全体的 A。所以言说于其间，要在得意忘言。用佛教的话说，一切言说都不过是一种法相，真义自在其外。因此笔者于本文之中亦不敢强替古人成系统，只于文本之大处着眼，取其得意忘言之旨，而不汲汲于一字一句的彼此呼应对照，力图探求古人言外之意。孟子尝言："故说《诗》者，不以文害辞，不以辞害志。以意逆志，是为得之。"（《孟子·万章上》）朱熹注曰："言说《诗》之法，不可以一字害一句之义，不可以一句害设辞之志；当以己意迎取作者之志，乃可得之。"说《诗》之法如此，探究古人之思想亦当如此。

（5）在涉及中国古代思想尤其是政治思想的研究中，研究者在运用概念及理论上常常混淆不清。通常是，擅长史料整理的学者往往缺乏深厚的理论功底，对一些基本的概念不能准确地把握，所以他们的理论解读常常靠不住。而擅长理论研究的学者，又往往欠缺爬梳史料的功夫，没有材料的佐证，再漂亮的理论也不过是中看不中用。在现代学科体制中的表现就是，历史学的学者不精于政治概念的理解，政治学的学者不善于史料的裁取。政治学者中很少有人能够自觉地超越西方政治理论的思想圈囿，少有人站在中国古人的立场上来理解中国古代政治思想。

从根本上说，目前的学术界还是在利用西方历史中提炼出来的一些概念、理论去解说分析中国的历史，而没有从中国历史本身去提炼形成用以解析说明这个文明自己的概念、理论。如我们一直纠缠在什么是封建制、君主制，专制、民主这样一些西来的概念，总是削足适履地去切割与组合中国古人的思想，于是总是支离破碎，总是得出非古是今的结论。其扭曲程度自然可想而知。

造成这一状况的原因是很少有人能超越方法论上的个人主义，进而跳出现代西方术语、概念对于中国历史的先在性理解和价值上的优越地位。针对这一点，笔者在本文第二章先从概念入手，通过对一组旧有概念的疑问进而切入本文的研究。限于自身的学术能力，笔者并没有提出一套替代性的中国本土的分析概念，而仍使用了西方术语。但笔者希望通过对这些术语的重新释义来尽可能澄清当前研究中的错误结论。

以上是笔者就一己之私见而总结的以往荀子研究中的方法问题。但笔者的本意不是批判，而只是想从反面提出自己的研究方法，以达到对以上种种的避免。

此外还要指出，荀子在其《非十二子》及《解蔽》篇中批判了当时的各家各派，其中包括同为儒家的子思、孟子一派，而唯独称扬孔子、子弓。笔者以为这不是偶然的，恰表明了荀子与孔子、子弓在思想主张上的一脉相承。所以在荀子思想的研究中，笔者以为应该接着孔子看荀子。以往由于对荀子偏于法家的误解，往往更多地强调荀子与孔子的不同之处，而不太注重其共通处。若接着孔子看，或许荀子便不会尽是一幅类似法家的形象。荀子晚孔子二百余年，当时《论语》早已结集，荀子应是可以看到的。试想，荀子一直注重历史的继承延续，并不注重其学说的自成体系①，若孔子已经讲明白的道理，荀子自不必再去重复，只需接着讲便是。如荀子很少讲仁，更多的是讲礼，于是学者多认为荀子重礼而轻仁。但《荀子》中也有下面这样的语句，只是不常为人所注意。

　　体恭敬而心忠信，术礼义而情爱人；横行天下，虽困四夷，人莫不贵。劳苦之事则争先，饶乐之事则能让，端悫诚信，拘守而详；横行天下，虽困四夷，人莫不任。（《荀子·修身》）
　　君子养心莫善于诚，致诚，则无它事矣。惟仁之为守，惟义之为

---

　　① 《荀子》原是以散篇流行，刘向时始编辑成书。可见荀子著书时并没有连篇成书、自成体系的意识。

行。诚心守仁则形，形则神，神则能化矣；诚心行义则理，理则明，明则能变矣。变化代兴，谓之天德。……天地为大矣，不诚则不能化万物；圣人为知矣，不诚则不能化万民；父子为亲矣，不诚则疏；君上为尊矣，不诚则卑。夫诚者，君子之所守也，而政事之本也。（《荀子·不苟》）

从以上两段话中我们可以看出，荀子也讲忠、信、仁、诚，这和孔子甚至孟子没有区别。所以对于荀子强调礼而少讲仁，笔者的理解是仁已被孔子与孟子讲得够多、够充分了，所以无须荀子再锦上添花；而面对新的时局，荀子接着孔子从礼上去发展、去强调。所以可以将礼论看作荀子的理论贡献，却不可视为荀子的全部思想：他还有从历史中继承的一部分，合起来才是一个完整的荀子形象。如果不注意对荀子的思想做历史连续性的考察，就会以为荀子的思想偏于一端，这也是以往把荀子归入法家的原因所在。

再者，在理解《荀子》文本的时候要注意他的说话对象，因为针对不同的对象，荀子的言说方式往往是不同的。

凡说之难：以至高遇至卑，以至治接至乱，未可直至也。远举则病缪，近世则病佣。善者于是间也，亦必远举而不缪，近世而不佣；与时迁徙，与世偃仰；缓急、嬴绌，府然若渠匽、檃栝之于己也；曲得所谓焉，然而不折伤。（《荀子·非相》）

"未可直至也"，故而要"曲得所谓焉"。在书中，荀子的说话对象时而是当权的诸侯，时而是从学的弟子，时而是士君子以上，时而是民人以下。所以，有些地方荀子是直抒其义，如讲到礼乐等天下之通义时；有些地方荀子则是曲全其旨，如在劝谏当时的诸侯国君时；还有些地方荀子是秘传心法，如在讲到神道设教时。以上诸类的具体体现，笔者将在后文中有选择性地给出例证。而在方法上不预先了解这种分别，很容易在具体的分析中对荀子思想造成误读。

（三）研究目的

本文的研究目的有二：力图纠正时下研究对荀子的颇多误解，以还荀子真实面目；力图在对荀子思想的考察之中，理解荀子隐藏在其政治观背后的对人生的根本看法，发现其中具有普遍意义的价值，而不仅是相对的历史价值，以期有补于将来。

根据此种研究目的，本文将避免面面俱到式的简单性叙述，而是着重就笔者不同于以往研究者的地方详加辨析，澄清观点。至于笔者认同的以往之研究结论，便不再做重复性的论证。本文旨在辩白误解，不在面面求全。

二、疑问：尊君就是君主专制吗

从文本来看，荀子是主张尊君的，这无可否认。但尊君即是主张君主专制吗？近代以来，"启蒙思想家一致认为荀子是封建专制主义的真正代表和罪魁祸首，从而将批判的矛头对准了荀子"[①]。这一时期的荀子研究由于被卷入近代学术界的今古文经学之争和政见之争，不免有指桑骂槐之虞，难保其学术上的科学与客观。正如惠吉兴所言："这种批判，只是拿荀子作为一个靶子，真正的目标是荀学背后的整个封建君主专制制度及其思想基础。"[②]

（一）以往研究之结论

关于荀子的尊君历来有两种不同的解读：一派认为荀子是君本主义者，尊君便是要把无上的绝对权力赋予君主一人，造成政治上的绝对君主专制；另一派认为荀子是民本主义者，尊君实际是受限于"从道不从君"和"以民为本"这一儒家传统的。

前一派观点在近代盖始于清末之"排荀"运动，最有名的是谭

[①]　惠吉星．荀子与中国文化 [M]．贵阳：贵州人民出版社，1996：279.
[②]　惠吉星．荀子与中国文化 [M]．贵阳：贵州人民出版社，1996：283.

嗣同《仁学》中的那段话："故常以为二千年来之政，秦政也，皆大盗也；二千年来之学，荀学也，皆乡愿也。惟大盗利用乡愿，惟乡愿工媚大盗，二者交相资，而罔不托之于孔。"① 乡愿既媚于大盗，可见是替大盗说话的了，不是君主专制又能是什么呢？此后梁启超在《论支那宗教改革》中认为荀子"尊君权，其徒李斯传其宗旨，行之于秦，为定法制。自汉以后，君相因而损益之。二千年所有，实秦制也。此为荀子政治之派"。胡适也说荀子的国家学说是"专制的一尊主义"。此外，比较著名的绌荀派还有夏曾佑等人，观点皆如是。直到今天仍有人认为荀子是一个君本论者，认为他"实际上使集道德权威、规范权威和政治权威于一身的圣王拥有了绝对的权力，而使小人堕入了没有丝毫权利的、永劫不复的、被专制的深渊"②。但谭嗣同后来对其此论深有所悔，在 1897 年春末致唐才常的一封信中，他自我批评道："是曾讥斥荀卿为乡愿，笔伐韩愈尊君抑民，都失诸片面，'且俟异日而持平论之'。"③ 正如朱维铮先生所说，"多年来研究者无不注意《仁学》曾经控告荀学是中世纪君主专制的帮凶，却很少注意谭嗣同的自责"④。君本论一派由于其立论多出于批判时政体制、倡言政治改革之目的，故多于情绪上的义愤而少于学术上的严谨，今日已多为人所不取。

至于后一派的观点，目前似乎已经为更多的荀子研究者所认同，廖名春的观点可以说代表了这一派的主张。他认为："荀子尊君是实，但他并非君本论者。从其目的看，他尊君是为了利民养民；从道义与君主的关系看，荀子提出'从道不从君'说、'上下易位'说，认为道义高于君权；在民与君的关系方面，荀子提出了君民舟水说、立君为民说、礼生为民说，这说明荀子与孔子、孟子一样，基本上是一个民本论者。"④

但笔者以为，这一派虽然证明荀子并未脱离儒家崇道义、张民

① 朱维铮. 求索真文明 [M]. 上海：上海古籍出版社，1997：343.
② ［韩］林孝宣. 孔孟荀的国家学说 [D]. 天津：南开大学，1998：65.
③④ 朱维铮. 求索真文明 [M]. 上海：上海古籍出版社，1997：344.
④ 廖名春. 荀子新探 [M]. 台北：文津出版社，1994：134.

本的基本主张，但以此至多只能证明荀子之君主专制是不同于法家之暴虐的绝对君主专制的、另一种温情式的君主专制，而不能有力地反驳它在权力结构上仍是君主专制的模式。因为民本只可说明其为一种君主家长制，但若就其权力结构而言，君主家长制与君主专制实在没有太大的区别。换句话说，他们只是证明了君主专制的民本性质，却没能否认君主专制的政体特征。故而，这种证明其实并不充分。也正因为这样的原因，所以君主专制论才会至今不息。

其实不论是君本论者还是民本论者，他们的分歧只是在君主专制的性质上，至于君主专制的权力结构则是他们共同的认定。

从萧公权的《中国政治思想史》到刘泽华的《中国政治思想史》，仍是或多或少、或明或暗地持这种主张，即民本论之下的君主专制。即使像钱穆先生这样一直主张中国古代政治没有君主专制的所谓保守派学者，亦认为"则荀子之说，徒足以导奖奢侈，排斥异己，为专制者所藉口，而荀学遂为秦政渊源"①。作为新儒家的徐复观先生也说："在荀子的思想中，毕竟含着走向独裁政治的因素。"②

李宪堂的《先秦儒家的专制主义精神》一书（中国人民大学出版社 2003 年版）和杨阳的《荀子政治思维及其对君权合理性的构建》一文（载《政治学研究》2003 年第 3 期），仍在论证荀子的君主专制主义，甚至宣称"在先秦诸子中，对君主专制权力合理性的论述，无人能与荀子比肩"③。看起来这似乎已成了学术界的共识与定论，但真的是这样吗？还是让我们从何为君主专制说起吧。

（二）何为君主专制

君主专制无疑是个外来词。在中文中，"君主"一词最早是指公

---

①　钱穆. 国学概论［M］. 北京：商务印书馆，1997：58.

②　徐复观. 当代新儒学八大家集·徐复观集［M］. 北京：群言出版社，1993：173.

③　杨阳. 荀子政治思维及其对君权合理性的构建［J］. 政治学研究，2003（3）：77.

主。① 秦始皇称帝之后，中国君主的正式称号便一直是皇帝，现在所谓的君主制在那时的人看来似乎称为帝制更合适。而所谓专制，有独断的意思。《辞源》上解释"专制"为"独断独行"。徐复观先生认为："专制即不受他人牵制而独作决断的意思。"② 但这只是法家（如韩非）的主张。在中国帝制时代，贤明的皇帝通常被认为应该兼听纳谏，故"专制"一词亦不大用于对一种正常政治形态的指称。徐复观先生认为专制政体一名大概是梁启超在近代最先使用，但其义则取自西方。③

据《布莱克维尔政治学百科全书》（以下简称《布书》）称，传统欧洲的君主制有两种类型：一曰贵族君主制；二曰专制君主制。④后者即本文所称之君主专制。如《布书》所言，"专制君主制这个词更多的用来特指 16 世纪到 18 世纪期间西方各国的君主制，尤其是法国和西班牙的君主制"⑤。但《布书》在界定何为专制时却有些含糊，它只是说专制与 20 世纪的极权主义完全不同，因为在控制个人生活的全部内容这方面，前者远远无法与后者相比。而专制与独裁却往往分不清楚。⑥ 在另外的词条中，它又说：由于惯例的约束及行政手段的缺乏，即使在鼎盛时期，专制君主制也从不是完全彻底的专制。⑦ 在不同的词条中，《布书》或称专制是"一种指统治者与被统治者的关系是主奴关系的统治方式"⑧，或称其"拥有绝对权力，且不受法律限制和宪法控制"⑨，或说"专制的结构是，专制者通过他的大臣或部长们实施统治，这些人实际上对人民拥有全部权力，同样，他们和所有的财产属于专制者"⑩，等等。

---

① 《辞源》"君主"条。
②③ 徐复观. 两汉思想史（第一卷）[M]. 上海：华东师范大学出版社，2002：77.
④⑤⑦ 戴维·米勒，等. 布莱克维尔政治学百科全书（中文修订版）[M]. 北京：中国政法大学出版社，2002：518.
⑥⑧ 戴维·米勒，等. 布莱克维尔政治学百科全书（中文修订版）[M]. 北京：中国政法大学出版社，2002：207.
⑨ 戴维·米勒，等. 布莱克维尔政治学百科全书（中文修订版）[M]. 北京：中国政法大学出版社，2002：1.
⑩ 戴维·米勒，等. 布莱克维尔政治学百科全书（中文修订版）[M]. 北京：中国政法大学出版社，2002：208.

　　这些零散的断语使我们对于概念的理解和把握越来越混乱。为了清晰起见，笔者本于《布书》的旨意并参考其他相关研究，将君主专制做如下之描述。虽或失之简单，但估计大旨不会有差。

　　（1）从政治精神上看，君主专制下的权力是私属性的而非公益性的。林肯曾把民主表述为"民有、民治、民享"，君主专制或可类此表述为"君有、君治、君享"。所谓"君有"便是主权在君、君权神授；所谓"君治"自然是指君主独裁；而所谓的"君享"意即国家作为君主的私有财产必然是要为君主的利益服务的。这种政治精神的最佳体现便是法国国王路易十四的那句名言——"朕即国家"。

　　在中世纪的欧洲历史上，随着13世纪古希腊文献的重新被发现，尤其是亚里士多德政治学和伦理学著作的再发现，公益的观念在宗教事务和世俗事务各方面最终获得了理论上的正当理由。所有这些发展都促进了罗马公法原则的发展。而按照这一原则，国王是为了集体的幸福而进行统治的公职人员。[1]但这些理论只是当其发展到完备的自然法学说和社会契约论时才对王权的私属性提出了真正有威胁的挑战，13世纪阿奎那试图调和亚里士多德思想和教父思想努力的失败便是最好的明证。[2]

　　对于生活在精神与肉体、天国与尘世之二元世界中的基督徒而言，世俗权力或政府正是人类堕落和犯罪的结果，它只是对人性堕落的补救。[4]所以，"恶劣的统治者与好的统治者一样，都是上帝任命的。什么样的民族就有什么样的统治者"。"好的统治者是上帝对好的民族的奖赏，而邪恶的统治者是上帝对邪恶民族的惩罚。"[3]王权来源于上帝，它的统治乃是秉承于上帝意志的、对于人类的惩罚，

　　① 戴维·米勒,等.布莱克维尔政治学百科全书（中文修订版）[M].北京：中国政法大学出版社，2002：502.
　　②④ 丛日云.在上帝与恺撒之间——基督教二元政治观与近代自由主义[M].北京：生活·读书·新知三联书店，2003：123.
　　③ 丛日云.在上帝与恺撒之间——基督教二元政治观与近代自由主义[M].北京：生活·读书·新知三联书店，2003：129.

以此补救人类之原罪。当然，王权也有其积极的职能，那就是要满足人们的物质需要，维护地上的和平与安全。①

但这些只不过是基督教的政治哲学，是一种理论，而不是事实。在政教二元体制的中世纪，教权与王权一直处于对立博弈状态。现实的政治是，专制君主将百姓视为自己的奴隶与财产，这从上文所引专制是"一种指统治者与被统治者的关系是主奴关系的统治方式"可证。而王权之自私性更可体现在政治代表权问题上。正是由于没有自己的代表便无人考虑照顾其利益，所以新兴的资产阶级才要争取政治参与权，并为此爆发了近代资产阶级革命。这恰好可以反证王权的私属性。待到王权试图"借用为公众利益服务等世俗的表达方式而使其合法性得到广泛承认"②的时候，已是 18 世纪。君权神授的宗教护符在理性之光的照耀下业已褪去它神圣的光环，主权在民的学说已经获得历史的公认。所以，此时的"开明专制"可看作专制君主制在新的时代冲击下所做的边际性适应变迁。而在专制君主制真正强大的时代，权力的私属性才是它应有的本意。

（2）从权力的使用上看，君主专制下的君主权力该是不受法律或宪法限制的，君主集立法权和行政权于一身，君命便是国法，这从上文所引《布书》亦可看出。当然，这里的不受限制主要是指不受明文法的限制，实际专制君权还是要受制于自然法原则以及社会共同承认的惯例。此意甚明，无须多言。

（3）从权力的结构上看，君主专制下的君主权力该是一元化的绝对领导，君主既是国家元首又是政府首脑（实际上二者并不区分，因为君主既领有权力又实际行使权力）。大臣不过是辅助君权的帮手，而不是与君主分享权力，这从他们手中权力的来源便可看出。这一点有点类似于今天美国的总统制，而不是法国的"半总统制"，更不是德国的议会内阁制。这与中国古代的君相共治、"王与马，共天下"

---

① 丛日云. 在上帝与恺撒之间——基督教二元政治观与近代自由主义[M]. 北京：生活·读书·新知三联书店，2003：141-144.

② 戴维·米勒，等. 布莱克维尔政治学百科全书（中文修订版）[M]. 北京：中国政法大学出版社，2002：1.

的政治结构也完全不同。

（4）从国家结构上看，君主专制往往伴随中央集权。当然，从理论上说，没有中央集权的城邦国家也可能出现君主专制。但结合历史来看，"专制君主制"这个词主要用来特指 16~18 世纪西方（尤其是法国和西班牙）的君主制。而我们知道，对于法国、西班牙两国来说，这一时期恰是它们由贵族封建制走向中央集权制的过程，甚至可以说君主专制正是得益于中央集权的完成。中央集权导致了贵族的没落，而贵族的没落反过来也使君主失去了制衡的力量。地方权力收归中央，中央权力收归君主，这恰是君主专制的一条历史成长图谱。正如徐复观先生所见，专制有两种，一种是中央专制，另一种是一人专制。[①] 而前者又可称作中央集权。

以上是笔者对何为君主专制的概述。欲辨荀子之尊君是否为君主专制，我们只需一一比量过去便可见分晓。

（三）对荀子思想的比量

1. 荀子尊君之政治精神是公益性的还是私属性的

如上文所言，时下学者多承认荀子秉承了儒家的民本思想。如荀子说：

> 天之生民，非为君也；天之立君，以为民也。故古者，列地建国，非以贵诸侯而已；列官职，差爵禄，非以尊大夫而已。（《荀子·大略》）
> 传曰：君者舟也，庶人者水也。水则载舟，水则覆舟。（《荀子·王制》）

这些都可证明这一点。看上去荀子的公益性颇类似于近代西方"开明专制"引公益概念以自证王权之合理性。但深究其本，则不然。

西方上帝拯救人，使向往天国，故于世俗不太重视。其授权于

---

① 徐复观. 两汉思想史（第一卷）[M]. 上海：华东师范大学出版社，2007：77-80.

君主，不过使之承担统治之职能，一为原罪之补救，二为生存之消极保障，而不求其人生之积极意义。故其神授者仅是统治之权力，君主高居于群众之上。中国则不同。上天孚佑下民，眷顾群生，如保赤子。《尚书·洪范》曰："惟天阴骘下民，相协厥居。"为了人在世间生活得更好，上天"作之君，作之师"①。所以，中国之神授者是一种职责，而不单是一项权力。且正是由于职责的规范，这权力不是西方那样高高在上的"统治的权力"，而是"民之所好好之，民之所恶恶之"的"服务的权力"。正如钱穆先生所言，在中国古人的政治观念里，"并不是政治上的主权应该谁属的问题，而是政治上的责任应该谁负的问题。……这是一种君职论，绝不是一种君权论"②。

同样，在荀子的政治思想中，权力从一开始就不为某个人或每个人所私有，而是天下之公器。上引"立君为民"便是此意。既是天下之公器，自然是公益性的，而任何公器私用的行为都将被视为不合天道。荀子认为："天下之人，唯各特意哉，然而有所共予也。"（《荀子·大略》）这种将权力看作公器的观念正是中国传统政治文明不言自明的共识（或许只有法家是个例外）。既然权力是天下公器，也不必再区分什么归谁所有，反正它是为公众服务的。这正是中国政治思想不重权力与权利的讨论，反而特别强调责任与义务的原因所在。荀子言"故礼者，养也"（《荀子·礼论》），"君者，善群也"（《荀子·王制》）通通是根基于此种原始思维。因为对于权力之公益性的信心与期待，所以在个人看来最理性的政治不是人人参与的民主制，而是贤能在位的君子之治，因为他们更知道天下之公益所在。荀子说：

彼固为天下之大虑也，将为天下生民之属，长虑顾后而保万世也。

---

① 《尚书·泰誓上》。虽然"泰誓"一篇已被考证为伪古文尚书，但此句《孟子·梁惠王下》有引，应该不假。

② 钱穆. 国史新论［M］. 北京：生活·读书·新知三联书店，2001：82.

其流长矣，其温厚矣，其功盛姚远矣，非顺孰修为之君子，莫之能知也。故曰：短绠不可以汲深井之泉，知不几者不可与及圣人之言。夫《诗》《书》《礼》《乐》之分，固非庸人之所知也。（《荀子·荣辱》）

所以贤能君子从事政治不是由于特权，而是因为他们的特长。

权力是天下之公器，但若非要追问它的来源和归属，可以说它属于天。这个天不是上帝那样的人格神，而是道，是人类只知其然不知其所以然，却又不得不如此的人道。所以，比照民主制的民有、民治、民享，专制君主制的君有、君治、君享，荀子的政治思想或可概括为天有、君治、民享。天有便是公有，不为一私己所有。君治不是君主之独裁，而是君子之治，即贤能之治。民享也就是民本，黄宗羲在《明夷待访录》中所说的"古者以天下为主，君为客"即此意。荀子的王者之法亦体现了此种精神。

王者之法：等赋、政事、财万物，所以养万民也。田野什一，关市几而不征，山林泽梁，以时禁发而不税。相地而衰政。理道之远近而致贡。通流财物粟米，无有滞留，使相归移也，四海之内若一家。故近者不隐其能，远者不疾其劳，无幽闲隐僻之国，莫不趋使而安乐之。夫是之为人师。是王者之法也。（《荀子·王制》）

2. 荀子所论的君权是无限制的吗

在进行分析之前须先指出，《荀子》中的君其实有两种所指。一种是天下共主，即天子、圣王。这是理想中的君主。有圣王在，天下归之而合为一统；无圣王在，天下则散为列国。另一种是诸侯，即当时的国君。[①]在荀子看来，王非圣人莫能堪任，而诸侯国君却可以小人窃居之。

---

① 张奇伟. 荀子政治人格释析 [J]. 管子学刊, 2002 (3).

故天子唯其人。天下者，至重也，非至强莫之能任；至大也，非至辨莫之能分；至众也，非至明莫之能和。此三至者，非圣人莫之能尽，故非圣人莫之能王。圣人备道全美者也，是县天下之权称也。

……

国，小具也，可以小人有也，可以小道得也，可以小力持也；天下者，大具也，不可以小人有也，不可以小道得也，不可以小力持也。国者，小人可以有之，然而未必不亡也；天下者，至大也，非圣人莫之能有也。（《荀子·正论》）

我们知道，荀子好言礼。荀子所言之礼在少数情况下指礼仪，多数情况下则指法度，类似于今日之宪法。"公输不能加于绳墨，圣人莫能加于礼。礼者，众人法而不知，圣人法而知之。"（《荀子·法行》）虽然礼是由圣人化性起伪的，但这不是凭空、任意的制作，而是对人道之极的发现。礼只是通过圣人生出来，正像耶稣借圣母玛利亚而诞生一样。"圣人积思虑，习伪故，以生礼义而起法度。"（《荀子·性恶》）所谓的"习伪故"也就是要学习参考往昔圣人的"伪"（对礼义的阐发创造）。可见礼乃是历代圣人之伪积累而成的，是一种历史的生成，而不是某一个圣人的单独制作。"故国者，重任也，不以积持之则不立。故国者，世所以新者也，是惮。惮，非变也，改玉改行也。"（《荀子·王霸》）此可证礼义的历史积累承继性。李泽厚也曾说："'礼'这个'贵贱有等，长幼有差，贫富轻重皆有称者'的'度量分界'，被视作是'百王之所积'，亦即是久远历史发展的成果，而并非只是'圣人'独创的意思。"[①]所以，纵是圣人亦要服从于礼。而且恰是一切动静周旋都能不违于礼的人才可称为圣人，圣人是礼之道成肉身。其实以礼来定义圣人，已经暗示了礼高于圣人。至于国君，比之圣王低了一个档次，且有可能是小人居之，礼又不是他所制定的，自然只有遵守的份儿了。在荀子看来，"礼者，人道之极也"（《荀子·礼

---

① 李泽厚. 中国思想史论（上）[M]. 合肥: 安徽文艺出版社, 1999 : 115.

论》），所以人君只有修礼才能成就王者之制。"故修礼者王，为政者强，取民者安，聚敛者亡。"（《荀子·王制》）这里的礼即是法数制度，属于明文法。

3. 荀子之尊君是否主张君主的一人独裁

荀子一贯强调君逸而臣劳，主张君要"劳于索之而休于使之"（《荀子·王霸》）。对于圣王而言，自然是事至逸而无形劳。"天子者，势至重而形至佚，心至愉而志无所诎，而形不为劳，尊无上矣。"（《荀子·正论》）在荀子看来，"为之者，役夫之道也，墨子之说也。论德使能而官施之者，圣王之道也，儒之所谨守也。传曰：农分田而耕，贾分货而贩，百工分事而劝，士大夫分职而听，建国诸侯之君分土而守，三公总方而议，则天子共己而已矣"（《荀子·王霸》）。所以"天子无老"，唯其事三公总方而治，天子只需在上守礼，分义行于下，选贤任能，保证社会政治法度的正常运作，这就是天下大治了。这与专制君主那种日理万机的繁忙恰是一种鲜明的对比。

如果说天子是不必有劳，那么诸侯国君则是不该有劳。上文已经指出，国君可以小人窃居之，所以荀子更是千方百计地要从制度上来限制其专制的可能。以下几段都是对当时的国君所言，可以看出荀子的态度。

> 故明主好要，而暗主好详；主好要则百事详，主好详则百事荒。君者，论一相，陈一法，明一指，以兼覆之，兼照之，以观其盛者也。相者，论列百官之长，要百事之听，以饰朝廷臣下百吏之分，度其功劳，论其庆赏，岁终奉其成功以效于君。当则可，不当则废。故君人劳于索之，而休于使之。（《荀子·王霸》）

"天子三公，诸侯一相"（《荀子·君道》），可见这里所指的君主正是诸侯国君。

故君人者，立隆政本朝而当，所使要百事者诚仁人也，则身佚而国治，功大而名美，上可以王，下可以霸。立隆正本朝而不当，所使要百事者非仁人也，则身劳而国乱，功废而名辱，社稷必危，是人君者之枢机也。（《荀子·王霸》）

所谓的"立隆政"也就是立礼，同于上一段中的"陈一法，明一指"；所谓的"所使要百事者诚仁人"，也就是选贤，即上一段的"论一相"。

治国者分已定，则主相臣下百吏，各谨其所闻，不务听其所不闻；各谨其所见，不务视其所不见。所闻所见诚以齐矣。则虽幽闲隐辟，百姓莫敢不敬分安制，以化其上，是治国之征也。（《荀子·王霸》）

君臣分工，所谓"主道知人，臣道知事"（《荀子·大略》）。所以君主之责要在择相，而不必事必躬亲。

为了劝诸侯君主任贤，荀子在外则利用当时列国并争、兴亡不测的国际局势晓之以危殆存亡的利害，在内则以安燕之乐诱惑君主，使之习于逸乐而无干政之虞，其用心可谓良苦。后者更不啻宋太祖杯酒释兵权的收买策略的先发之声。请看荀子是如何劝诱国君的：

国危则无乐君，国安则无忧民。乱则国危，治则国安。今君人者，急逐乐而缓治国，岂不过甚矣哉！……急逐乐而缓治国者，非知乐者也。故明君者，必将先治其国，然后百乐得其中。暗君者，必将急逐乐而缓治国，故忧患不可胜校也，必至于身死国亡然后止也，岂不哀哉！……君人者，亦可以察若言矣。

故治国有道，人主有职。若夫贯日而治详，一日而曲列之，是所使夫百吏官人为也，不足以是伤游玩安燕之乐。若夫论一相以兼率之，使臣下百吏莫不宿道乡方而务，是夫人主之职也。若是则一天下，名配尧禹。之主者，守至约而详，事至佚而功，垂衣裳，不下簟席之上，而海内之人莫不愿得以为帝王。夫是之谓至约，乐莫大焉。

人主者，以官人为能者也；匹夫者，以自能为能者也。人主得使人为之，匹夫则无所移之。……大有天下，小有一国，必自为之然后可，则劳苦耗悴莫甚焉。如是，则虽臧获不肯与天子易势业。(《荀子·王霸》)

以往学者多以此作为荀子以君为本、同于法家的罪证，而不解荀子之尊君实不过是以尊荣、安乐交换其手中的实际主政权。荀子明是尊君，实是虚君。荀子真正主张的其实是君子主政的贤能之治。书中许多吹嘘君主的话实际上都是对当时的诸侯国君而讲的，其意在使之乐在其中而托政于贤能。认不清这一点便识不得荀子的本意，所以荀子理想中的政治格局是：君主尊荣无上，代代世袭，却又不实掌大权；相则实有其权，但要卑处于一人之下，故其手中的权力亦不致恣意妄为。君相互动亦可看作一种权力的平衡机制。

对于这一点，郭沫若所言"他的主张，拿近代的话说，就有点像在采取责任内阁制"①可谓颇有见地，只是"责任内阁制"一词有些不妥。近代意义上的内阁是要向议会负责的，而在荀子那里却并没有一个类似议会的机构。所以，二者在君主与内阁的关系上很不一样。况且，内阁制在中国历史上是指明清两代废除正式宰相之后的政治体制，它还不同于宰相制，只可说有其实却无其名。

荀子把国家元首和政府首脑分开了，君主作为国家元首职在保证国家制度循礼而行，三公、宰相则具体承揽其事。《左传·襄公二十六年》中卫献公所言"政由宁氏，祭则寡人"虽然反映了当时大夫专政的乱政之况，但其实其乱只在于公卿自得专政而君主丧失了命卿权和抡相权，若是依旧由周天子及诸侯命卿抡相，此制却正是常态。尤其对于诸侯国君而言，因其世袭，或可能由小人充之，故荀子特别主张贤能之治，君主只要选择其人托之以政即可，这样

---

① 郭沫若. 十批判书 [M]. 北京：东方出版社，1996：248-249.

不论君主贤还是不肖，皆不至为害于世。钱穆先生在总结中国传统政治时曾说："要避免世袭皇帝之弊害，最好是采用虚君制，由一个副皇帝即宰相来代替皇帝负实际的职务及责任。"①可以说，这正是采取荀子的方法。

由此可见，荀子并不主张君主的一人独裁，而是支持一种君相共治的政治格局。其实，这种体制不仅不可视为君主专制，而且甚至连君主制都算不上。试以今日喻之。今日，德国有总统一职，法国有总统一职，美国有总统一职，然所谓总统制者唯美国一家。法国是半总统制，德国是议会内阁制。以此言之，荀子所主张者至多不过是半君主制。

4. 中央集权制

是否如许多学者所说的那样，荀子极其自觉地站在天下统一的前夕为未来统一的中央集权大帝国进行理论上的准备呢？其实，这不过是那些学者们自我演绎的"想当然耳"。

为之者，役夫之道也，墨子之说也。论德使能而官施之者，圣王之道也，儒之所谨守也。传曰：农分田而耕，贾分货而贩，百工分事而劝，士大夫分职而听，建国诸侯之君分土而守，三公总方而议，则天子共己而已矣。(《荀子·王霸》)

故政事乱，则冢宰之罪也；国家失俗，则辟公之过也；天下不一，诸侯欲反，则天王非其人也。(《荀子·王制》)

封内甸服，封外侯服，侯卫宾服，蛮夷要服，戎狄荒服。甸服者祭，侯服者祀，宾服者享，要服者贡，荒服者终王。日祭、月祀、时享、岁贡、终王，夫是之谓视形势而制械用，称远近而等贡献；是王者之制也。

故上贤禄天下，次贤禄一国，下贤禄田邑，愿悫之民完衣食。(《荀子·正论》)

天子之丧动四海，属诸侯；诸侯之丧动通国，属大夫；大夫之丧

① 钱穆. 国史新论 [M]. 北京：生活·读书·新知三联书店，2001：105.

动一国，属修士；修士之丧动一乡，属朋友；庶人之丧合族党，动州里。（《荀子·礼论》）

从上我们可以肯定，荀子主张的还是封建制，否则他不会屡屡提及天子以其德而王天下，天下得其人则合、不得其人则散。正如孟子在其政治思想中保留了世禄世卿制一样，荀子还保留着周代封建制的理想。其实当时郡县制在秦、楚、晋等国都已出现，而且由于这种中央集权的体制大大增强了列国中央的实力，荀子不可能看不到。但正是出于尚王道、法后王的原因，他出于王道的理想极力反对这种集权的体制。可见荀子尚未脱离贵族政治的理想，实与后世平民政治时代之君主专制迥异，并且证明秦之大一统及汉高祖起自民间实是开创了此后中国两千年之政治新局面。

通过以上的四点分析，我们发现凡是作为君主专制特征的理论，荀子一概不主张，如此怎能说荀子是君主专制论者呢？

（四）此外的两种责难

有人以韩非、李斯之故累及作为老师的荀子，以为他们的思想是沿着荀子的思路才最终滑向专制主义的深渊。前文所引梁启超对荀子的批判即属此列。但恰如李贽所反驳的，"夫弟子为恶罪及师，有是理乎？若李斯可以累荀卿，则吴起亦可以累曾子矣"（《焚书·卷五·宋人讥荀卿》）①。所以，此种责难可谓"欲加之罪，何患无辞"。

除弟子之累外，荀子常常还面对另一种历史之累。陈寅恪先生认为：

儒者在古代本为典章学术所寄托之专家。李斯受荀卿之学，佐成秦治。秦之法制实儒家一派学说之所附系。《中庸》之"车同轨，书同文，行同伦"（太史公所谓"至始皇乃能并冠带之伦"）为儒家理想

---

① 惠吉星．荀子与中国文化［M］．贵阳：贵州人民出版社，1996：273.

之制度，而于秦始皇之身而得以实现之也。汉承秦业，其官制法律亦袭用前朝。遗传至晋以后，法律与礼经并称，儒家《周官》之学说悉采入法典。夫政治社会一切公私行动莫不与法典相关，而法典为儒家学说具体之实现。故两千年来华夏民族所受儒家学说之影响最深最巨者，实在制度法律公私生活之方面；而关于学说思想之方面，或转有不如佛道二教者。①

李泽厚则说得更清楚："陈寅恪以秦政乃儒学之实现的说法……即秦汉政制及观念主要仍孔门儒学即荀子一线的发展开拓。"② 若秦汉之后的中国政制是荀子等儒家理想的具体实现，而秦汉社会又是君主专制，那谁人又可以否认秦皇汉武的专制独断呢？如此说来，岂不证明荀子之政治思想果有君主专制的毒素了么？当然，也有像钱穆先生这样的学者力排众议，坚持认为中国除元清两朝之外并无专制。③

两派意见相反，但又都是治史学的严谨学者，那是哪一方错了呢？笔者以为两派皆无错，只是他们理论的角度不同而已。一则是就政治史而言，另一则是就政治制度而言。所以此错不是人之错，而是概念不清之错。

钱先生曾言："在中国历史上，固亦不断有专制皇帝出现，但不得谓中国传统政治，即是一种专制政体。"④ 此话其实业已点出了问题之本质，只是众人多不理会。笔者以为，要判清中国秦汉以后的政治是否君主专制，首先要明确这里所指的君主专制为何义。君主专制有两种，一种是作为政治现象的君主专制，另一种是作为政治制度的君主专制。主张中国有君主专制的学者其实是就历史上有此种政治现象而言，而否认中国有君主专制的学者是就制度上没有君主专制而言的。二者其实并不相悖。可以说，中国古代政治在明太祖

---

① 冯友兰. 中国哲学史（下册）[M]. 上海：华东师范大学出版社，2011：440.
② 李泽厚. 论语今读 [M]. 合肥：安徽文艺出版社，1998：69.
③ 钱穆. 国史新论 [M]. 北京：生活·读书·新知三联书店，2001：88-90.
④ 钱穆. 国史新论 [M]. 北京：生活·读书·新知三联书店，2001：128.

废宰相之前制度上是君相共治。诚如钱穆先生所言："中国传统政治，皇帝不能独裁，宰相同样地不能独裁。"① 所以在此种情况下，可能会有君主专制的政治现象，但不可谓有君主专制的政治制度。日本学者和田清曾提出中国宰相"波纹式的循环发生论"②，从中我们可以看出皇帝独裁的实现（君主专制政治现象的发生）恰是通过破坏当时既有的正常政治制度而实现的，即疏远虚化外朝官（正式职官）而重用内朝的亲近之属（皇帝身边的私人椽属）。这正可以反证当时的政治制度是妨碍君主专制实现的。而内朝官走向外朝之后经过一段时间往往又重新客观化，这更反映了当时之政治制度对抗君主专制的强大韧性。③ 直到朱元璋废宰相，才从制度上彻底改变了这种君相共治的共和政治体制，皇帝兼任政府首脑，直掌六部，一人独裁之制卒成。但明清两朝虽确立了君主专制的政治制度，却又不一定发生君主专制的政治现象。明清两朝虽有雍正这样的专制帝王，但也有万历这样几十年不上朝听政甚至不与大臣见面的皇帝。所以，有君主专制的政治制度未必发生君主专制的政治现象，而有君主专制的政治现象又未必有君主专制的政治制度。区别此二者是破解中国传统政治中君主专制之谜的关键。

反过来我们可以说，秦汉以后中国传统政治中君主专制的政治现象不可归咎于荀子与儒家的理论，而要由皇帝本人来负责。萧公权先生说："及至秦汉以后，曲学之儒，窃取荀子尊君之义，附以治人之说，阿君之好，极尽推崇。流风所播，遂至庸昏淫暴之主，不仅操九有之大权，亦得被重华之美号。以实乱名，贻害匪浅。"④ 歪曲荀子思想不应由荀子负责，相反，荀子反倒是最大的受害者。至于明以后政治制度之变革，更是与荀子本旨不合，不可由荀子承担其罪。而且上文业已指出，荀子所主张者实乃封建制，如何为秦汉之后的中央集权负责？

---

① 钱穆. 国史新论 [M]. 北京：生活·读书·新知三联书店，2001：87.

② 韩德民. 荀子与儒家的社会理想 [M]. 济南：齐鲁书社，2001：188.

③ 余英时. 中国思想传统的现代诠释 [M]. 南京：江苏人民出版社，2003：85.

④ 萧公权. 中国政治思想史 [M]. 北京：商务印书馆，2011：110.

以上诸论旨在证明荀子之政治思想实与君主专制无干。既已证明荀子不是君主专制论者，那么：荀子为什么要与当时的历史潮流相抗衡而反对君主专制？荀子不主张君主专制，那他主张的又是什么？

第一个问题并非无聊之问，而是旨在探微荀子政治思想立论根基之所在；第二个问题则是要求从正面展现荀子的主张。下文将分别回答这两大问题。

三、探源：荀子的人生观

荀子以性恶论出名，但他对人的看法却绝不是如此的悲观。对于人生，他有着更为丰富的理解、更为积极的主张。这构成了荀子政治观的基础。

（一）微观：性伪之际

从《性恶》一篇来看，荀子的性恶说是针对孟子之性善说而发的。自古及今，学者凡述及此常将二者进行比较研究。但已有学者注意到，其实孟荀二人所言之"性"并不是同一所指[①]，故而性善、性恶并非决然对立、彼此抵触。恰如台湾学者龙宇纯先生所言："问题是性恶说乃针对性善说而发，荀子又是一位长于分析注意谈辩的学者，何故在其与人发生争论的时候，竟至连题目都没对上，而各说各话？"[②]

其实若单从荀子的立论来看，他的性恶论并不完备。比如，一方面他说"人之性恶"，另一方面他又说"性者，本始材朴也"。既是恶的，又如何是一张白板，这岂不是矛盾？再比如关于心的问题，在荀子的理论中我们可以区分出可欲之心、可虑之心、可知之心、可志之心等，但他其实并没有交代清楚：心到底是否属于性？若属于

① 张铉根. 荀子政治思想的研究［D］. 台北：台湾中国文化大学，1991：44；龙宇纯. 荀子论集［M］. 台北：台湾学生书局，1987：56.
② 龙宇纯. 荀子论集［M］. 台北：台湾学生书局，1987：56.

性，那它是善还是恶？志是心的哪种功能？心在性伪之间充当什么角色？……这些都是荀子理论上的空缺。

此外，荀子反对孟子的性善论似乎主要着重在礼义方面，强调礼义生于人之伪，但对于仁知两端似乎并无否定。[①]例如，荀子讲"有知之属莫不爱其类"（《荀子·礼论》），这与孟子的仁端似乎并无不同；他讲"人有气、有生、有知，亦且有义，故最为天下贵也"（《荀子·王制》），这里的义或可以人之伪来解之，但在另一处他又讲"义与利者，人所两有也"（《荀子·大略》），这似乎是从性上而言。于是，荀子的心还有仁义之心。种种混乱不清已使学者提出了诸多质疑与解释。

笔者在此只欲于大处着眼，而不去深究其细节，更不想为荀子做理论上的补充或辩解，只想了解荀子在为反对孟子的性善论而提出的这种并不完备的性恶论的背后，究竟想要表达什么意思。

已有学者指出："孟子所说的性善之性，指的不是生而即有的全部内容，仅指的是在生而即有的内容中的一部分。"[②]《孟子》中亦有大体、小体之分，但似乎孟子更看重大体，并将其视作人之性。下面这段话可以说最全面地反映了孟子所言性善的本意。

> 孟子曰："口之于味也，目之于色也，耳之于声也，鼻之于臭也，四肢之于安佚也，性也；有命焉，君子不谓性也。仁之于父子也，义之于君臣也，礼之于宾主也，智之于贤者也，圣人之于天道也，命也；有性焉，君子不谓命也。"（《孟子·尽心下》）

孟子在此似乎把性定义为人的本质，而作为小体的耳目口鼻之欲往往遮蔽了人的本质，所以孟子讲"养心莫善于寡欲"。可见孟子是把欲与性对立起来，认为人内在地存在自我冲突。发展到后来的

---

① 周群振. 荀子思想研究 [M]. 台北：文津出版社，1987：62-63.
② 徐复观. 当代新儒学八大家集·徐复观集 [M]. 北京：群言出版社，1993：275.

宋明理学便是天理与人欲的决然对立，于是乎才会有"存天理，灭人欲"一类的主张。

与孟子把性定义为人的本质不同，荀子把性看作"生而自然"的东西。所谓人性恶并不是说人性之全部都是恶的，只是就其中情欲的一部分而言。至于"凡以知，人之性也"（《荀子·解蔽》）的知以及虑、能、质、具等，同样是天生的东西，并没有善恶之别。而且荀子在言性恶时一直强调，人生而怎样，"顺是"则争乱，于是谓之为恶。所以荀子所言的恶也并非是指性本身即是实在的恶，而是说只具有恶的端倪，与孟子的"善端"相对照，胡适称之为"恶端"。①

其实进一步深究，孟荀之善恶的含义也不相同。"凡古今天下之所谓善者，正理平治也；所谓恶者，偏险悖乱也：是善恶之分也矣。"（《荀子·性恶》）可见荀子所谓的善恶是社会性的，是相对的善恶。而孟子的善恶则是本体意义上的，是绝对的善恶。因为是绝对的、不可变的，所以只有扬善除恶一种救治的方法。欲在本质上既是恶的，所以只有消灭之才可以养护人心的善端。而在荀子之善恶观中，欲本身并无所谓绝对的善恶，其恶只不过是相对于社会规范而言的，故亦可通过社会规范的调节迁恶化善。例如，拿东西是手的性，但若不加限制随便拿东西那就可能是偷是抢，这便是恶。荀子恰是在这个意义上说人性是恶的。但依孟子看来，偷是手内在的本质之恶，故对于一个以善为本质的人来说，要保持其善，便只有砍去此手才可。而荀子则不然，视手为人之一部分，缺了手的人便是一个残缺的人。拿东西是手的本性，而偷、抢（不符合社会规范的拿）却并不是本性，且手之偷东西并非不可改变，只要约之以规范就可以了，不必非要砍去此手。有的学者以为荀子的性恶"为不可选择、不可改变之自然即必然性，有着命定的外观"，于是说西方人原罪的悲观尚可由向上帝祈祷来获得拯救，"而荀子的悲观却是铁定的，因为性恶由

---

① 胡适．中国哲学史大纲［M］．上海：上海古籍出版社，2000：228.

自然规律的逻辑所决定，而非出于人的意志，悲天悯人无济于事"。①
这种误解恰是由于将荀子的性恶论理解为同孟子之性善论一样的本
质论。其实，荀子之所以提出性恶论恰是要反对孟子对人性的本质
论规定，对抗以性善论为表现的人性本质论才是荀子提出性恶论的
本旨所在。对人进行本质论的规定之后，一切与本质不合的小体都
必须剪除，于是不免在内在冲突之间造成人类的自我戕害。若认为
人没有先验的本质，便会宽容地承认人之情欲的正当性。这正是孟
子的理论最终走向禁欲主义，而荀子却给予其更多存在空间的原因
所在。②

　　荀子认为圣人与小人一样，也有欲望；欲望本就是人之一部分，
只不过小人以此作为人的全部而士君子不以此自限罢了。

　　"义"与"利"者，人之所两有也。虽尧舜不能去民之欲利，然
而能使其欲利不克其好义也。虽桀纣不能去民之好义，然而能使其好
义不胜其欲利也。(《荀子·大略》)

　　以从俗为善，以货财为宝，以养生为己至道，是民德也。(《荀
子·儒效》)

　　书曰："无有作好，遵王之道。无有作恶，遵王之路。"此言君子
之能以公义胜私欲也。(《荀子·修身》)

　　君子易知而难狎，易惧而难胁，畏患而不避义死，欲利而不为所非，
交亲而不比，言辩而不辞，荡荡乎其有以殊于世也。(《荀子·不苟》)

　　故曰：乐者，乐也。君子乐得其道，小人乐得其欲；以道制欲，
则乐而不乱；以欲忘道，则惑而不乐。(《荀子·乐论》)

　　可以看出，荀子既承认欲望的合理性，又同时强调人生追求要
超越于欲望之上的必要性。所以荀子只是反对孟子把善定义为人的
本质，而并不反对承认人趋向于善的必要性与可能性。其证明便是

---

①　张节末. 从道统转向政统的意识形态理论 [J]. 文史哲, 1998 (4): 63.
②　韩德民. 荀子与儒家的社会理想 [M]. 济南: 齐鲁书社, 2001: 281.

他批判孟子不知性伪之分。

> 孟子曰："今之学者，其性善。"曰：是不然。是不及知人之性，而不察乎人之性伪之分者也。凡性者，天之就也，不可学，不可事。礼义者，圣人之所生也，人之所学而能，所事而成者也。不可学，不可事，而在人者，谓之性；可学而能，可事而成之在人者，谓之伪。是性伪之分也。(《荀子·性恶》)

孟子虽谓人之性中先天地具有善端，所谓"君子所性，仁义礼智根于心"(《孟子·尽心下》)，但也仍需要后天"学"的涵养与扩充。但在荀子看来，后天的学不是扩充本有的善端，而是把善从外边移植到人的内里去。人先天只有三种东西：一是情欲这些恶的内容，"若夫目好色，耳好听，口好味，心好利，骨体肤理好愉佚，是皆生于人之情性者也"(《荀子·性恶》)；二是"本始材朴"之性，即有待于后天之伪来文饰的白板；三是好义之心和可以知之质、可以能之具。

情欲之恶不在多少，而在于发生过程的混乱不堪、毫无节制。

> 故欲过之而动不及，心止之也。心之所可中理，则欲虽多，奚伤于治？欲不及而动过之，心使之也。心之所可失理，则欲虽寡，奚止于乱？故治乱在于心之所可，亡于情之所欲。(《荀子·正名》)

所以只要以礼义调节之，情欲之性的"恶"就可以转变为"不恶"。这也正是荀子所言"化性"的意义所在。所谓化者，荀子的定义是"状变而实无别而为异者，谓之化"(《荀子·正名》)。可见化性并不是改造人性，而只是矫正其发生过程，使之合于规范。所以荀子的性恶实际上不是指性本身的恶，而是性之发生过程的恶。以往学者正是由于错把其当作前者，而以为荀子主张改造人性。其实荀子并无改造之意，反而承认其合理性、正当性，只是觉得这不过是人的低级层面，人应该有更高的追求。

在荀子看来，"伪"就具有这样的功能。伪即人为，人通过后天伪的创造进而生成善，趋向于完满的人格。荀子以为，完满的人格应当是性伪合。

> 故曰：性者，本始材朴也；伪者，文理隆盛也。无性则伪之无所加，无伪则性不能自美。性伪合，然后成圣人之名，一天下之功于是就也。故曰：天地合而万物生，阴阳接而变化起，性伪合而天下治。（《荀子·礼论》）

人既有先天之禀赋，如欲、知、质、具等性，又有后天之附加，即伪。前者是自然生就的，后者是人为创造的；前者是必然如此的，后者是不必如此的；前者具有确定性，后者具有不确定性。可见荀子所持的是一种不同于本质论的生成论。

当时的人有两种思维定式。一种是总以为自然的比人为的好。胡适曾说："中国自古以来的哲学家都崇拜'天然'过于'人为'。老子、孔子、墨子、庄子、孟子都是如此。大家都以为凡是'天然的'，都比'人为的'好。后来渐渐地把一切'天然的'都看作'真的'，一切'人为的'都看作'假的'。……独有荀子极力反对这种崇拜天然的学说，以为'人为的'比'天然的'更好。"[1]另一种是总认为凡事都必有一个种子。正如黑格尔所言，一棵树的全部属性已经包含于一粒种子之中，成长的过程不过是其本质属性慢慢展开的过程。所以，孟子必须要为人在心中安下一个先验的善端，把善规定为人的自然本性。直到戴震仍以这种思维来质疑荀子[2]，但其实荀子早已对这个问题给予了有力的回答。

> 凡礼义者，是生于圣人之伪，非故生于人之性也。故陶人埏埴而为器，然则器生于陶人之伪，非故生于人之性也。故工人斫木而成器，

---

[1]　胡适. 中国哲学史大纲 [M]. 上海：上海古籍出版社，2000：227.
[2]　韩德民. 荀子与儒家的社会理想 [M]. 济南：齐鲁书社，2001：282.

然则器生于工人之伪，非故生于人之性也。(《荀子·性恶》)

世人对于陶人埏埴以为器的比喻多不注意，实在是囿于传统之思维定式。其实，这其中深刻地暗含了"无中生有"的思想，这个"无"也即人之伪，人的创造。这是对以上两种思维定式的破除。荀子强调人皆有"可以知之质"和"可以能之具"，所以人皆可以通过后天之伪的努力来提升完满自己，这也就是荀子所讲的"人皆可为禹"。它不同于孟子以人皆有善的本质来论证人皆可为尧舜的思维。正是在承认人的创造性这一点上，荀子比所有的先验论者都更加高扬了人的主体性。

总之，荀子认为人自身有性伪之分，人仅凭其先天之性并不自足，需要后天伪的塑造与完善，只有性伪合才算是一个全部的人。性伪合有些类似于孔子的"绘事后素"，所谓"文质彬彬，然后君子"。因为人没有先验本质，所以人长成什么样子便全在于个人之伪，这样人对于自己的人生便负有直接的责任。孟子强调人有善的本质，是要人自责于善；而荀子主张人通过伪后天生成，则要人自勉于善。自责于善则非善不可，往往有以一划齐、戕害个人之虞。如近代极权主义即本于此种同质化的普遍主义救赎思维，戴震所批判的以理杀人也是源于此处。而自勉于善则不强求一律，更具宽容之精神。孔子"为仁由己"亦可作如是观。中国人常说："你的路是你自己走出来的"便是这种生成观的体现。

(二) 中观：生死之际

在荀子所处的时代，佛教尚没有传入，转世投胎的轮回观念还没有影响中国人的生死观。虽然中国人很早就有了鬼的观念，但在高度理性的荀子看来，其实并没有什么鬼。

凡人之有鬼也，必以其感忽之间，疑玄之时定之。(《荀子·解蔽》)
夫厚其生而薄其死，是敬其有知，而慢其无知也，是奸人之道而

倍叛之心也。(《荀子·礼论》)

人一旦死后就"无知"了，这明显是不相信有鬼的存在。荀子也说"祭祀，敬事其神也"，但通篇看来这里的神并非表明荀子相信人死后还有什么灵魂（或许只不过是借用当时通行的说法而已），其真实的看法不过是"祭如在，祭神如神在"罢了。因为，荀子同样讲："祭者，志意思慕之情也。"(《荀子·礼论》)可见，主要还是从活人的角度来设礼的。"其在君子以为人道也，其在百姓以为鬼事也"(《荀子·礼论》)更是说破了其中的秘密。在有关生死问题这一点上，荀子倒是继承了孔子"未知生，焉知死"的思想。荀子讲"不求知天"亦当包括对生之外的探究，庄子所谓"六合之外，圣人存而不论"者是也。

相反，荀子以为人只有一生，从生到死不过几十年。这从以下的几段话可以得到证明。

礼者，谨于治生死者也。生，人之始也，死，人之终也，终始俱善，人道毕矣。故君子敬始而慎终，终始如一，是君子之道，礼义之文也。……故死之为道也，一而不可得再复也，臣之所以致重其君，子之所以致重其亲，于是尽矣。

……

故丧礼者，无他焉，明死生之义，送以哀敬，而终周藏也。故葬埋，敬藏其形也；祭祀，敬事其神也；其铭诔系世，敬传其名也。事生，饰始也；送死，饰终也；终始具，而孝子之事毕，圣人之道备矣。(《荀子·礼论》)

同时，虽然人内在地具有好利与好义两种本性，所谓"义与利者，人之所两有也"(《荀子·大略》)，但人刚生下来都只是"小人"，如果不加以后天的教育，就会只知道一味地好利而不知如何开发其好义的一面。

人之生固小人，无师无法则唯利之见耳。人之生固小人，又以遇乱世，得乱俗，是以小重小也，以乱得乱也。(《荀子·荣辱》)

小体是先天具有的，大体却要靠后天的长成。但这一过程不是无限期的。人生好比一场考试，每个人都要学会在规定的时间里考出最好的成绩。时间不可倒溯，不可重复。这更增加了人活好这一生的责任。

虽然没有永生或来世，但荀子以为人死后应该在历史上留下名声，"其铭诔系世，敬传其名也"与"身死而名弥白"都是此意。这与孔子"君子疾没世而名不称焉"(《论语·卫灵公》)是一个意思。此外，他在书中还通过孔子之口表达了同样的意思。

孔子曰："君子有三思而不可不思也：少而不学，长无能也；老而不教，死无思也；有而不施，穷无与也。是故君子少思长，则学；老思死，则教；有思穷，则施也。"(《荀子·法行》)

生为小人，死要留名，故其一生不可不谨于学，力争上进。所谓"学不可以已""至死方休""死而后已"都是此意。

子贡曰："大哉死乎！君子息焉，小人休焉。"(《荀子·大略》)

荀子这种既不同于基督教的永生观念、又不同于佛教的轮回观念、人只有一生的观点，在许多方面影响了他对人生及政治的看法。如理性地自觉于一生的有限，于是便以审美的眼光来正视这一生，等等。这一点非常重要，此处只是简单提及，有关其影响后文还会申论。

(三) 宏观：天人之际

世人皆知荀子主张天人相分，人不与天争职，圣人不求知天等，这些都已是无须多言的常识。其此论实在是继承了上古"绝地天通"

的思想。① 把天人分开是为了使人事免受天志的干涉，这其中体现了荀子高度的理性。

> 雩而雨，何也？曰：无何也，犹不雩而雨也。日月食而救之，天旱而雩，卜筮然后决大事，非以为得求也，以文之也。故君子以为文，而百姓以为神。以为文则吉，以为神则凶也。(《荀子·天论》)

正是由于这种高度的理性精神，荀子认识到：

> 天能生物，不能辨（办）物也，地能载人，不能治人也；宇中万物生人之属，待圣人然后分也。
> 天地者，生之本也；先祖者，类之本也；君师者，治之本也。无天地，恶生？无先祖，恶出？无君师，恶治？三者偏亡，焉无安人。
> (《荀子·礼论》)

天地有化育之功，圣人有成人之德。天不治人人自治之，人事要由人类自己来办。这种天生人成论与上文的性伪合一样，反映了荀子一贯的"天然＋人为"的人生态度。

在明确天人之分的同时，荀子亦主张天人相参。所谓参，即并、比。

> 是故权利不能倾也，群众不能移也，天下不能荡也。生乎由是，死乎由是，夫是之谓德操。德操然后能定，能定然后能应。能定能应，夫是之谓成人。天见（贵）其明，地见（贵）其光，君子贵其全也。
> (《荀子·劝学》)
> 天有其时，地有其财，人有其治，夫是之谓能参。(《荀子·天论》)

---

① 有关"绝地天通"可参见《尚书·吕刑》与《国语·楚语下》之"观射父论绝地天通"。

这里可以看出，荀子的"天人相参"不同于《中庸》的"天人相参"。二者参者不同：一者以人之治，由标举人之治达到与天同尊的地位；二者以人之至诚、尽性，由与天参德达到天人合一。《中庸》的"参天"是天人合一之下的"相参"，而荀子之"参天"是天人相分之下的"相参"。可见荀子把人类抬高到了何等地步，这与老子的"故道大、天大、地大、人亦大。域中有四大，而人居其一焉"（《老子·二十五章》）一样表达了对人的尊扬。

这里的"治"也就是政治，或曰外王之治，这从"君子理天地"等可证。与天地相参，自然不可以天地所生之性，而只能以天地之外的人之伪。政治正是人之伪的最高表现。天地有好生之德，天覆地载至公无私；圣人之治亦同样大公无私、舍己毋我，故而二者适得相参。但从上文可以看出，荀子所谓的人之治其实不是民主之治，而是君子之治，这从以下两段可见。

> 天地生之，圣人成之。（《荀子·富国》）
> 故天地生君子，君子理天地；君子者，天地之参也，万物之总也，民之父母也。无君子，则天地不理，礼义无统。（《荀子·王制》）

所以在荀子看来，只有君子之治才有资格与天地相参。伟大的星空、山川、政治，三者比列同尊。人要想成就这种伟大，就要学为君子、从事政治。可见，荀子这里突出的是对政治人格的高扬。可以说，政治人格是荀子的最高人格理想。

这与孔子一生的追求是一致的。孔子的"沽之哉，沽之哉，吾待贾者也"（《论语·子罕》）和"吾岂匏瓜也哉？焉能系而不食"（《论语·阳货》）以及子贡的"夫子温良恭俭让以得之。夫子之求之也，其诸异乎人之求之与"（《论语·学而》）从正反两方面反映了孔子矢志不渝的政治追求，而其晚年退编诗书是退而求其次的不得已选择。孟子与孔子有所不同，或许是出于求之而不得的历史遭遇，他在政治之外为人安置了一个立命的第二空间。在孟子天人合一的世界里，君子既可以其政治之行道与天合一，又可以其私人的道德修养与天相参。

到了荀子，又回归孔子的政治理想。在荀子这里，私人道德与政治生活是先后一贯、内外不分的。因为在天人相分的世界里，个人不是以与天合一来彰显自己，而是通过人类的自立来求得与天地的并立齐尊。"故立政以前，无以修身，而政治生活之外，不复有私人道德生活之余地。"①"能定能应，夫是之谓成人"便是这种内外合一的体现。所谓定便是定于内，所谓应就是应之于外。内外合一才是成人。孟子主天人合一却走向道德生活与政治生活的二元分离，荀子主天人相分却坚持二者的合一不分。究其原因，大概上合于天自然可以下分于人，而上分于天便必要下合于人吧。

关于天人相分与相参还有一种误解需要澄清。以往学者多由下面所引的《天论》中的一段话而认定荀子主张戡天②，或曰征服自然、人定胜天之类。

> 大天而思之，孰与物畜而制之！从天而颂之，孰与制天命而用之！望时而待之，孰与应时而使之！因物而多之，孰与骋能而化之！思物而物之，孰与理物而勿失之也！愿于物之所以生，孰与有物之所以成！故错人而思天，则失万物之情。（《荀子·天论》）

其实荀子主张天人相分但并不主张天人相抗，而天人相参也不是征服自然。征服常是一方胜过另一方，二者对立不等。相参则是双方比肩并立，若将其理解为合作似更为准确。"制天命而用之"亦当从这样的角度来理解。荀子倒是更主张顺天之则、因天之时、加以人治、以成人伪。所以，荀子的天人关系不是对立征服的关系，而是并立合作的关系。确立这一点很重要，因为这关系着是把人看作自然的征服者（以征服自然来确证人生的意义），还是以人之治与

---

① 萧公权. 中国政治思想史 [M]. 北京：商务印书馆，2011：103.
② 胡适. 中国哲学史大纲 [M]. 上海：上海古籍出版社，2000：223.

天地相参来高扬人的伟大。从荀子和谐的天人观来看，彰显人之治的伟大并不要以征服、贬低天的方式来实现。人之治属于人之伪，而荀子追求的是性伪合。

总之，荀子在天人相参的结构中为人提供了超越性的外在形式，给人的后天之伪赋予可与天地并称的伟大意义。

（四）综论：生成论的人生观

性伪之别指出了人之后天文饰生成的必要性，人只有一生强调了这一任务的紧迫性，天人相参为之树立了一个最高的目标，性伪合提供了实现这一追求的途径。

人是非本质的，人性中的先天内容又有恶端，所以对于追求善、追求超越的人来说，自然的人还不是完满的人，而是有缺憾的人，但人可以通过后天的伪来弥补这一点，以伪来不断充实、丰富、完满自我，朝着与天地相参的圣人目标不断前进。但与现代自由主义不同，荀子不认为这个伪的过程是个人可以独立完成的。[①]荀子早在一开始就强调人能群的特性，这个伪也必然要在群体中进行。恰如李泽厚所说："而生的意义也就是过程，是历史性地生成，它是与群体相联系才获得的。"[②]

何以伪？曰学。因为人没有孟子所说的那种自足的内在善端，所以必须要从外面学得，通过内化的过程以充实自我的人格。提到学，常常使人想起庄子的话："吾生也有涯，而知也无涯，以有涯随无涯，殆也。"（《庄子·养生主》）因为学海无涯，所以庄子对学持一种消极的态度。荀子亦认为学海无涯，但他的对策与庄子完全放弃的消极不同，而是主张在无涯的内容中选择一部分对于人生有价值的东西来学习。这也就是"学固有所止"。

---

① 查尔斯·泰勒在批评伯林的消极自由时便指出了自由面对的内在障碍问题。达巍，王琛，宋念申. 消极自由有什么错 [M]. 北京：文化艺术出版社，2001：69.

② 李泽厚. 美学三书 [M]. 天津：天津社会科学院出版社，2003：244.

故学也者,固学止之也。恶乎止之?曰:止诸至足。曷谓至足?曰:圣也。圣也者,尽伦者也;王也者,尽制者也;两尽者,足以为天下极矣。故学者以圣王为师,案以圣王之制为法,法其法以求其统类,以务象效其人。(《荀子·解蔽》)

对于此外的无用之学,荀子主张不要学,而是要"知其所为,知其所不为"。

若夫充虚之相施易也,坚白、同异之分隔也,是聪耳之所不能听也,明目之所不能见也,辩士之所不能言也,虽有圣人之知,未能偻指也。不知无害为君子,知之无损为小人。工匠不知,无害为巧;君子不知,无害为治。王公好之则乱法,百姓好之则乱事。而狂惑戆陋之人,乃始率其群徒,辩其谈说,明其辟称,老身长子,不知恶也。夫是之谓上愚,曾不如相鸡狗之可以为名也。(《荀子·儒效》)

无用之辩,不急之察,弃而不治。若夫君臣之义,父子之亲,夫妇之别,则日切瑳而不舍也。(《荀子·天论》)

学习内容要有所止,而学习过程却又没有止境。《荀子·劝学》开篇第一句就是"君子曰:学不可以已"。

学恶乎始?恶乎终?曰:其数则始乎诵经,终乎读礼;其义则始乎为士,终乎为圣人。真积力久则入,学至乎没而后止也。故学数有终,若其义则不可须臾舍也。为之人也,舍之禽兽也。(《荀子·劝学》)

孟子以心中之善端作为人兽之几希处,而荀子以学与不学来区分之。所谓学,便是要不限守于天生之性,且还要追求伪的扩充。"性不足以独立而治"(《荀子·儒效》),故学则可丰满人格以成君子,不学则人格干瘪沦为小人、同于禽兽。所谓禽兽便是其生是那块性,其死还是那块性,一生都只是一种限定性的存在,而无扩充生长的可能。

何以学？曰以师法。荀子特重师法，要人"亲师""隆礼"。这是因为荀子之学不单重知识之习得，更重躬行之践履。

> 不闻不若闻之，闻之不若见之，见之不若知之，知之不若行之。学至于行之而止矣。行之，明也；明之为圣人。圣人也者，本仁义，当是非，齐言行，不失毫厘，无他道焉，已乎行之矣。故闻之而不见，虽博必谬；见之而不知，虽识必妄；知之而不行，虽敦必困。不闻不见，则虽当，非仁也。其道百举而百陷也。（《荀子·儒效》）

故须师弟子亲炙身传之教，此非诵习所能。礼者，法之静者也。师者，法之动者也。

那么学的目标是什么呢？"学为圣人"是最高的目标，其次便是君子、士。这里的圣人、君子、士其实都是一种政治人，他们不仅要有内在的道德修养，还要以其外在的君子之治与天地相参，此上文已论及。当然，并不一定君子、士甚至圣人都有机会出仕从政，这是"节遇之谓命"的问题。所以荀子也谈到处士，谈到"儒者在本朝则美政，在下位则美俗"（《荀子·儒效》）。所谓有义荣而不必有势荣，颇有些孟子天爵、人爵的味道。

但孔子说："人能弘道，非道弘人。"（《论语·卫灵公》）孟子讲："天下有道，以道殉身；天下无道，以身殉道。未闻以道殉于人者也。"（《孟子·尽心上》）荀子亦说："从道不从君，从义不从父。"（《荀子·臣道》）士君子既然以道自任，纵不得从政而实现其治，但在追求此的过程中亦可说一种实现。把这追求作为一种审美过程来看，美即在过程之中，而不在于一种静止的凝固。荀子恰是以生成的过程性化解了对最终目的、结果的坚执。

在这种学为君子、圣人的过程中，与现代人的执我、道家的无我、佛家的空我都不同，荀子主张理想人格的毋我。空我不仅要空掉我，还要空空。无我则是与万物自然为一，取消自我。执我即坚执于自我，现代的表现即是个人本位。毋我是承认自我的存在，并认可其合理性，却又不执着于自我，不以自我为核心、为最高目的。此语出于《论语·子罕》，朱熹注解"我"为私己。毋我在荀子这里的表现便是既承认我之欲望的正当性，但又不固执、胶着、私蔽于这种我欲，而是超拔乎其上，以天下为公，以身弘道，与天地相参。毋我还是以人为主，而不强制推行自己的意志。这和佛教的"佛度有缘人"是一样的。所以，"礼闻取于人，不闻取人；礼闻来学，不闻往教"（《礼记·曲礼上》）。

本质论往往与目的论相通，而生成论虽然高举一个最高目标，却又不持一种目的论的必然。上文已提及，伪的领域本来便是不必然的。这种不必然的表现就是生成过程中的阶段性。好比一个班级的考试，老师自然是鼓励大家都向第一名冲刺，但也知道，最后的结果肯定不是全班并列第一名。其实也没有必要如此，重要的是大家都争取上进。至于那些不求上进的人，更是不可必然的了。因为在荀子看来，"尧舜者，天下之善教化者也，不能使嵬琐化"（《荀子·正论》）。

所以虽然荀子认为人皆可为禹，但他又区分了可不可与能不能的不同。正如葛瑞汉所言："我们发展做某事的能力是以放弃其他对我们同样可以做的事情为代价的。做圣人对每个人来说都是可以的，而只有少数人有能力如此，我们大多数人都因为发展其他方面的能力而丧失了这个机会。"[1] 更何况，荀子以为"有圣人之知者，有士君子之知者，有小人之知者，有役夫之知者"（《荀子·性恶》）。人之知不同，所以不可能每个人都成为君子、圣人。这里的知既有智力、能力之义，也有志趣、志向的意思。因此，他说："陋也者，天下之公患也。"（《荀子·荣辱》）因为有些人虽然资质很好，但志不在此，反用于别处，一样不能成为君子。况且人只有这一生，人生中一旦哪一阶段走错便可能终生错过。这与基督教的线性时间观和佛教的轮回时间观不同。线性时间观可以期待在一个无限

---

[1] ［英］葛瑞汉. 论道者［M］. 张海晏，译. 北京：中国社会科学出版社，2003：289.

长的时间内使一切问题得到彻底的解决，最终进入一个纯粹的未来世界，这在康德的历史目的论中得到了很好的体现。轮回时间观可以期待下一次的积累与改变，最终可以跳出六道轮回，实现超脱。而在一个人有限的一生中，以上的两种期待都是不可能的，时间不可回头重新来过，每一个人只能带着他的历史一直向前。人生就是作画，一旦落笔便无可挽回。不论是对还是错，每个人都只有这一张画纸，只有这一生的机会。这一代人一旦错过，下一代人仍要从头再来。从中国古代的六十甲子纪年法便可体会到这种循环的观念。

以上只是从历时性上来讲。而从共时性上看，每一个时期都存在已经修成君子的人、正在走向君子的人、刚刚起步尚未抉择的人、已然走错了路的人等。所以不论在共时性上还是历时性上，每一个社会中的人群总是保持一种差异性的多样存在，而永远不可能达到一种最终的同质化状态。所以，荀子并不追求一种完全的同一，而是在"维齐非齐"的差序之中追求一种差异性的和谐。

正是由于荀子对人持一种生成论而非本质论的观点，所以他并不追求一种整体性普遍主义的救赎。他只是劝人向学修身，至于最后的结果、目的反而是次要的。孔子的毋必、毋固也正是反对目的论的执着。所以，孔子称道之行否在天命，人称之为"知其不可而为之"者。而荀子说："事至无悔而止矣，成不可必也。"（《荀子·议兵》）所谓"谋事在人、成事在天"大概是儒家的通识吧。总体上，儒家是生成论而非目的论。宽容、和谐、引导、毋我是保障这种差异性存在仍能向上流动提升的条件。

荀子眼中的人不是抽象的实体，而是通过"学之积"不断成长中的"活"人。先天之性不足以撑起整个完满的人格，于是需要后天伪的生成、丰富。虽然荀子为这种生成指出了一个朝向圣人、君子的目标，但生成毕竟承认导向多样化的存在，只要这种存在不破坏社会的秩序——礼，都是可以被接受的。每个人用其一生去完成他的人格，或是执于小我，或是毋我于人伦，或是毋我于一乡、一邑、一国乃至天下。虽然他们每个人的成就不同，但他们共同构成了这个社会的存在。

总之，荀子既不主张征服自然，亦不宣扬改造人性，而是追求顺天之时、用地之材、化人之性、起伪成治、与天地参。

四、重读：荀子的政治观

政治是对人之社会性生活所做的一种制度性安排。前文笔者已经涉及诸多这方面的内容，但多是从辩驳的角度出发，不免失之凌乱无序。本章将正面阐释荀子的审美政治观，尽量给人以明晰的展现。

（一）公的政治精神

关于公的政治精神，笔者在第二部分辩驳荀子政治思想之公益性与私属性时已讨论许多，这里只是接着前文加以申论。

要体会荀子政治精神之公的含义，便不能不比较于近代西方。对比或可让我们看清已经沉淀到心理无意识层面的民族原始思维的高明之处。

在笔者看来，西方从中世纪向近代的转型就是一个世俗化的过程。世俗化使人们的生活重心由宗教转向政治与社会，而对世俗生活的关注使人们不能不对政治的私属性提出挑战，所以近代化在政治上的体现就是从私属性政治到公益性政治的转变，其历史形式便是从君主到民主的更化。换句话说，民主是以实现政治之公益性为目的的。但上文提及，与经济学上资产阶级私有制的产权理论相配套，西方政治文明中有一种根深蒂固的权力私有制观念，故其公益性是依靠先将权力打碎分为个人私有、再以契约方式形成公共权力的过程来实现的。这也就是从自然权利论到社会契约论，再到人民主权论的复杂的理论论证过程。

在今天，不论是在西方的政治理论中还是在西方普通人的心目中，权力仍是私属的，与经济上的财产私有制对应，我们不妨称之为权力私有制。与君主专制时代不同的是，以前是君主一人的私有，如今是全民每个人的私有。权力既是私有的，便该遵循"谁所有谁受益"的原则，而每个人又都是自私的，所以只有自己掌握自己的权力时才可能保障它是为自己服务的。民有、民治都是为了保证最后的民享，不如此便不足以实现政治的公益性，这便是"民有、民治、民享"所彰显的民主的真实含义。所以近代资产阶级革命只有实现了从君有到民有、从君治到民治的双重转变，才能真正实现从君享到民享的根本性变革。但这种变革其实并没有改变西方政治文明中作为原始思维的、根深蒂固的权力私有制或称私属性的传统观念，而在一个有着这样的政治思维的文明中，要实现政治由私属性向公益性的转变也只有通过主权更替这一种途径来完成。这也正是西方政治理论中以权力和权利为核心概念的原因所在。这与荀子所属的中国传统政治思维有着根本的不同。

中国的远古先贤们一步到位地把权力规定为天下之公器，君主也好、臣工也罢，他们行使这权力不过是要替天行道、抚育群生。所谓"民之父母""如保赤子"皆是此政治思维的体现。荀子不光继承了这一伟大的至公精神，而且以其高度理性的态度除去了原来政治观中的神秘因素，代之以全面的理性态度。对应于上文的权力私有制，我们不妨称之为权力公有制。

权力私有制虽然也可以实现政治之公益性的复杂论证，但还是留下了一个私属性的小尾巴。这就是现代自由主义所面临的个人自由与社会、国家之间的二律背反式的矛盾。所以，一方面以伯林为代表的自由主义强调消极自由的必要性，另一方面以泰勒为代表的保守主义指出个人自由的内在困境。这种两难的尴尬是由权力私有制的思维所致。固守于一个抽象的私我，以之作为一切价值的原点，而把他人视为地狱，于个人的孤立之中试图寻求一种意义的解脱。但在个人的小我之内，人的无限性追求终究得不到一个舒展的场所、释放的空间。正如丛日云所说："个人权利是政治秩序和政治权力的原因,但它本身却没有原因。"① 对于自我之固执缺乏反思的质疑恰是西方人陷于人生的痛苦而无法自拔的原因所在。

从根本上分析,西方只从个人角度片面思考,故蔽于权力之私有而不能超越;中国从人我两方立论,故能有权力公有之共识。西方人常讲自尊,讲维护个人不可侵犯之权利;而我先民却多强调"自卑而尊人""反身而求诸己""躬自厚而薄责于人"等。老子讲:"天长地久。天地所以长且久者,以其不自生,故能长生。是以圣人后其身而身先,外其身而身存。非以其无私邪? 故能成其私。"(《老子·第七》)荀子曰:"此道也②,偏立而乱,俱立而治,其足以稽矣。"(《荀子·君道》)其所言之意皆是要人毋我而多为对方考虑,这样社会自然少分歧而多共识。个人亦在毋我无私之中摆脱孤立化的自我疯癫,得到一种生活的立命之托。后世讲三纲,是偏于一边,已不合于荀子"俱立"之意。

西方只有共的概念而无公的理想,所以他们只有共治、共享却没有大公无私,有互利互惠却没有无私奉献。康德对道德绝对命令的论证是如此思路,罗尔斯"无知之幕"的假设也还是这样的意识。但古代中国早已以其伟大的远见与智慧,直接实现了政治权力的公益性定位。所以,中国的老百姓在历史上并没有原生的民主诉求,而一直在呼唤这一天下为公精神的具体落实。中国政治中特别强调责任而不重视权力,正是这种精神在发挥作用。正如钱穆先生所言:"若我们说西方政权是契约的,则中国政权乃是信托的。契约政权,时时带有监督性。而信托政权,则是放任与期待。因此中国政治精神,不重在主权上争持,而重在道义上互勉。"③梁漱溟先生言中国文明早熟、理性早启,这当是最好的证明。所以,中国虽无民主之制却早有民主之实。这种公的政治精神不只不比民主理念逊色,反而在道德上比之要高尚得多。

---

① 丛日云. 在上帝与恺撒之间——基督教二元政治观与近代自由主义 [M]. 北京:生活·读书·新知三联书店,2003:33.
② 指君臣、父子、兄弟、夫妻之道。
③ 钱穆. 国史新论 [M]. 北京:生活·读书·新知三联书店,2001:114.

西方执着于为自我寻找生存的意义，于是要么是外在的天堂，要么是内在的自由，但终究摆脱不掉处于内外之间的自我的疯癫。中国则将私我化于公众，非常巧妙地消解了这一问题，大有太极拳四两拨千斤的高明。

（二）礼的政治形式

孟子的政治主张多属于政策层面，譬如五亩之宅、百亩之田、或彻或助等所谓仁政，于制度上则主张恢复世禄世卿制。与孟子不同，荀子的政治主张多偏重于制度层面，多有新制度的发明创造。

思想是制度的灵魂，制度是思想的躯干。没有思想的制度只是一具僵尸，而没有制度的思想只是一个幽灵。荀子所做的努力便是使儒家由宗教走向政治，由思想的空谈走向制度的落实，由公的精神走向礼的形式。

孟子在政治之外为人开辟了第二空间，故往往从个人处着眼；而荀子坚持政治的最高理想，故常常从人类处立论。荀子的礼论便是如此。

礼制的首要一条便是保障一个差异性社会结构的可能。因为上文提到，差异性的多样存在是一个社会在共时性和历时性上都不可避免的存在方式，就好比一个学校总是要有年级的设置一样。礼从制度上确立下这一规范，从而保证不同人的不同生活方式。这也正是礼既得其养又好其别的原因所在。

> 礼起于何也？曰：人生而有欲，欲而不得，则不能无求。求而无度量分界，则不能不争；争则乱，乱则穷。先王恶其乱也，故制礼义以分之，以养人之欲，给人之求。使欲必不穷于物，物必不屈于欲。两者相持而长，是礼之所起也。
>
> 故礼者，养也。（《荀子·礼论》）

"故礼者，养也。"自然是指所有人的养。此时的礼尚是指一种关于社会财富分配的制度规范，仅具有形式上的含义。因为平均主义的分配也可以看作一种规范。但紧接着，荀子又说："君子既得其养，又好其别。曷谓别？曰：贵贱有等，长幼有差，贫富轻重皆有称者也。"（《荀子·礼论》）这才一下子道出了礼的内容——别。这个"别"恰是对应于上文中提到的人的差异性多样化存在。在荀子的政治思想中，并不崇尚平等主义，相反他批判了墨子的"慢差等"（《荀子·非十二子》）。在荀子看来，和谐的自然与社会都该是一种"维齐非齐"的状态，任何试图以同质化来取代差异性的想法都是对既有之和谐状态的破坏。这种和谐观可以从中国人的美学思想中得到印证。李泽厚说："华人和华夏艺术的美的理想正是如此。它不求凝固的不变的永恒，而求动态的平衡、杂多中的和谐、自然与人的相对应而一致，把它看作宇宙的生命、人类的极致、理想的境界、'生成'的本体。"①由礼所规定的这样一个政治秩序恰是这种美学思想的表现。

关于这一点，钱穆先生看得很清楚。他说："荀子欲本此而别造人伦，重定阶级。其与古异者，则古人本阶级而制礼，先有贵贱而为之分也。当荀子世，则阶级之制殆于全毁，乃欲本礼以制阶级，则为之分以别其贵贱也。荀子之分阶级之贵贱者，则一视其人之志行知能以为判。曰'大儒'，为天子三公。曰'小儒'，为诸侯、大夫、士。曰'众人'，为农、工、商、贾。去世袭之敝，存阶级之善。"②

荀子的理想是在礼的等级之中，自天子至于庶民各得其宜：贤者得其位，能者得其官，民者得其业或曰得其利。他以此来保证个人之循序生成递进的可能。

孔子以仁解礼③，荀子则以礼解法。所以，荀子之礼与孔子之礼已大不相同，而颇有法的性质，但又与法不同。法的原则讲究齐一，可以说在法律面前人人平等，虽王公犯法与庶民同罪。如秦国太子犯法，商鞅"刑其傅公子虔，黥其师公孙贾"便是一例。礼则不然，讲究差等原则，对不同的人课以不同的规范标准。"礼别异"便是此

---

① 李泽厚. 美学三书［M］. 天津：天津社会科学院出版社，2003：259.
② 钱穆. 国学概论［M］. 北京：生活·读书·新知三联书店，2001：57.
③ 李泽厚. 中国思想史论（上）［M］. 合肥：安徽文艺出版社，1999：30.

意。后世"竣礼教之防，准五服以治罪"，可以视作此种精神的体现。瞿同祖在谈到礼法之别时说："儒家着重于贵贱、尊卑、长幼、亲疏之'异'，故不能不以富于差异性、内容繁杂的、因人而异的、个别的行为规范——礼——为维持社会秩序的工具，而反对归于一的法。法家欲以同一的、单纯的法律，约束全国人民，着重于'同'，故主张法治，反对因贵贱、尊卑、长幼、亲疏而异其施的礼。"① 所以，荀子的礼不再是"不下庶人"意义上的贵族之礼，而是涵盖庶人在内的宪法大纲。"故礼之生，为贤人以下至庶民也，非为成圣也。"（《荀子·大略》）

讲到礼治、法治和人治，以往学者往往将其对立起来看，以为彼此不兼容。其实在荀子这里，恰是要把三者熔为一炉。对于礼治，荀子取其差别对待的内容；对于法治，荀子取其制度化之形式；对于人治，荀子取其为制度施行之保证及制度以外之补充。所谓"其有法者以法行，无法者以类举"（《荀子·王制》）。这岂是要抛开法治的形式？"法家固然绝对排斥礼治、德治，儒家却不曾绝对排斥法律，只是不主张以法治代替礼治、德治而已。"② 后世之以礼入法正是荀子此种融合精神的体现。所以，不论是荀子的思想还是中国古代的实际政治，都并不是没有法治的形式，只是没有现代这种等齐划一的抽象化法治内容罢了。

在礼这一大纲的规范之下，荀子主张君相共治的政治制度。此点前文已有论述。

礼者，人道之极也。（《荀子·礼论》）

公输不能加于绳墨，圣人莫能加于礼。礼者，众人法而不知，圣人法而知之。（《荀子·法行》）

由此可见，礼具有不可动摇的、至高无上的地位，虽圣人莫能

① 瞿同祖. 中国法律与中国社会 [M]. 北京：中华书局，1981：285-286.
② 瞿同祖. 中国法律与中国社会 [M]. 北京：中华书局，1981：308.

损益。礼作为人道之极、道的制度化法相，自然是高于君主的。道高于君，这与如今宪法高于执政者不是一样的逻辑么？可见，荀子早已有了宪政法治思维。

关于这一点，余英时先生有过清晰的表述："照传统的说法，理想的政治格局是所谓的'圣君贤相'。圣君垂拱而治，贤相则负责处理一切实际的政务。这样，皇帝虽然世袭却不妨害政府领袖——宰相——可以永远在全国范围内选拔出最贤能的人来担任。"①总体来看，荀子主张的是一种立宪君主内阁制的政体。

笔者在第二部分曾大力辩驳荀子主君主专制，但这并非因为笔者将之等同于极权主义政体。君主专制在诸侯之位"小人可以窃居之"的时代，它的世袭制加上专制性是很危险的，不利于荀子公益政治的实现，反而可能走向法家的私属性政治。韩德民曾对古人所面对的此种两难困境有一同情的表述："没有'天子'的象征效应，'天下'就无由'一统'，就会四分五裂，就会陷入群雄逐鹿的混乱。而没有'相'的辅佐，'天子'就有可能从超越性的象征蜕变成任情使性的独夫民贼。"②所以，荀子的选择不是革君之命，而是虚君之权。他主张贤相内阁制以保证贤人政治，正是针对当时状况提出的、最早的也最现实可能的选任制。为了实现选任而不再世袭，将权力降属于相位，使世袭的国君虚位化，进而补救世袭制"不能尽贤"的制度漏洞。

韩非法家虽然也看到了这一点，"且夫尧、舜、桀、纣千世而一出，是非比肩随踵而生也，世之治者不绝于中"③。但他们是以法治替代君治的方式来补世袭而不必贤的弊缺，其中不免苛政之弊；荀子则通过由君主制向内阁制的转变来完成同样的目的，可谓保全了儒家礼治之理想。

且荀子尊君是因应于自春秋以来的各国陪臣执国命的局面，意

①　余英时. 中国思想传统的现代诠释［M］. 南京：江苏人民出版社，2006：79.
②　韩德民. 荀子与儒家的社会理想［M］. 济南：齐鲁书社，2001：186.
③　《韩非子·难势第四十》陈奇猷注本。"是"字下之"非"字为陈奇猷所加。

欲以此矫治当时臣下之专制。萧公权先生言："儒家之尊君，意在矫臣强之失，非以尊君为政治之目的也。"①此可谓至平之论。所以，当时儒家尊君、选相皆是为了回复到昔日"君臣平政"的局面。君臣其实要互防专制。"故人主无便嬖左右足信者，谓之暗"（《荀子·君道》）亦当作如是观，而不可污之为权术之论。

此外，荀子主张封建制的一统，而不是郡县制中央集权的统一。徐复观在谈到先秦儒家时说："但当时的儒家赞成一统而不赞成中央集权，这是与法家不同之点。"②关于此点上文已有详论，此处不再重复。

对于荀子之礼治，梁启超曾批判曰："要而论之，无论如何高度之文化，一成为结晶体，久之必僵腐而蕴毒。儒家所以不免有流弊为后世诟病者，则由荀派以'活的礼'变为'死的礼'使然也。"③此言虽有一定道理，但不免有因噎废食之嫌。试想就政治而言，怎么可能没有一固定制度之规范呢？而礼之所谓"活"正是在此一制度化或曰凝固化之基础上的损益，若为了保存其活的可变性而拒绝将其制度化，那么礼便不成其为礼了。天下没有百年不变之制度，却不可因百年之后之变而于百年之前便不立此制度。期待所谓永世之制才是一种真正的凝固化，而不要任何制度化则不免无政府主义的动荡。

最后谈一点关于荀子法后王的思想。以前学者曾极力辨析荀子之法后王与孟子之法先王的不同，如今大家已经认识到二者其实并无不同。但我想说的是，荀子所法者不是王乃是圣贤。

> 故曰：欲观圣王之迹，则于其粲然者矣，后王是也。彼后王者，天下之君也；舍后王而道上古，譬之是犹舍己之君，而事人之君也。故曰：欲观千岁，则数今日；欲知亿万，则审一二；欲知上世，则审周

---

① 萧公权. 中国政治思想史 [M]. 北京：商务印书馆，2011：212.
② 徐复观. 两汉思想史（第一卷）[M]. 上海：华东师范大学出版社，2002：78.
③ 梁启超. 先秦政治思想史 [M]. 天津：天津古籍出版社，2003：118.

道；欲知周道，则审其人所贵君子。(《荀子·非相》)

所谓"审其人所贵君子"，其人就是王，而所贵之君子实乃王所选举的大贤。如汤之用伊尹，文王之用吕尚，武王之用召公，成王之用周公旦皆属此例。所以，法后王归根结底真正所法的是圣贤。古人对圣王之标准便是是否有贤者在其朝，圣王之所以圣不在其自贤自能，而在其能以天下为公之心选贤任能。因为，圣教大道实赖圣贤以心相传。名尊君实尊贤是荀子之真实本意。

(三) 教的政治内容

从政治含义上看，荀子是把政治当作教育来办的，国家仿佛一所大学校，天地仿佛一间大课堂。而近代西方主流思想却把政治当作企业来办，国家仿佛一家大公司，天地仿佛一个大市场。所以，西方是一种权利政治观，荀子是一种教化政治观。对于这一点，梁启超看得很准。他说："故儒家恒以教育与政治并为一谈，盖以为非教育则政治无从建立，既教育则政治自行所无事也。"[①]

在国家这所大学校中，君主即是校长，宰相便是教务总长，贤者便是各门任课教师，能者即学校行政人员及后勤服务人员，农工商贾之民便是学生。因为把政治当作教育事业来办，所以不必强调此学校归谁所有的问题。它既不是校长的、老师的，也不是学生的，它是一个公益组织。这恰是上文中权力公有制的表现。它强调的不是权利，而是各自的责任：校长的责任是要领袖群伦，为一校道德学问之表率；教务总长要总理全校教务；教师要教育学生；学生则要认真学习。所谓"君子壹教，弟子壹学，亟成。"(《荀子·大略》)这其中不崇尚什么平等，恰是在差等的阶序中，每个人逐次递进、逐渐生成。但这等第不是压迫的阶级，而是晋升的阶梯。老师与学生虽不平等，但老师并不以其优势地位成为压迫学生的恶魔，而是以

---

① 梁启超．先秦政治思想史 [M]．天津：天津古籍出版社，2003：119.

强烈的责任感将之化为一种"如保赤子"的关爱之情。学校里没有年级是不可想象的，虽如此也不会有人说这里有压迫，亦不会质疑其不平等的合理性。这便是荀子之政治观的理想所在。

与此不同，西人之公司制国家讲究的是利益的获取和分配。对公司而言，只有拥有股份成为股东才有分红的权利。所以，西方之国家论首先必讲主权之归属，因为只有这个问题清楚了，后面的一切规则才得以确立。其议会好比是董事会，内阁便是经理层，总理便是 CEO，全民公决类似股东大会。民有、民治、民享之真义即在此。这便是西方人对政治的主流理解。

东西方对政治之理解完全不同，但不可说哪一方是错的，因为这都是他们从各自的历史传统之中承继下来的，这便是他们生命的一部分。按李泽厚的话说，西方人有两个世界，中国人只有一个人生。①在灵与肉、天国与尘世、宗教与政治、社会与国家的一系列对立中，塑造了西方人对政治、对国家的理解，同时也规定了他们可能的生活方式。同样，中国人对政治的倾情其实也表现了我们对人生的态度。

在荀子的政治观中，教育或称教化是政治的最主要职能，而在经济政策上则基本上属于自由放任主义。荀子的经济政策除了抑商一条尚属政府之积极作为外，其余皆是消极无为之治。"轻田野之赋，平关市之征，省商贾之数，罕兴力役，无夺农时，如是则国富矣。夫是之谓以政裕民。"（《荀子·富国》）可以说，儒家在经济政策上一贯主张"我无为而民自足"。开源节流、平衡财政、藏富于民是荀子主要的经济主张。荀子以为只要以礼规范，天地足以养人，所谓"使欲必不穷于物，物必不屈于欲。两者相持而长，是礼之所起也"（《荀子·礼论》）。虽然荀子承认人之欲望的合理性，但并没有否认它的低级性。所以，荀子不主张对欲望的无限追求，"而圣王之生民也，皆使富厚优犹知足，而不得以有余过度"（《荀子·正论》）。所以，

---

① 李泽厚. 论语今读 [M]. 合肥: 安徽文艺出版社, 1998: 6.

荀子并不把政治的重心放在养民这一点上。

　　天不为人之恶寒也辍冬，地不为人之恶辽远也辍广，君子不为小人之匈匈也辍行。天有常道矣，地有常数矣，君子有常体矣。（《荀子·天论》）

　　所谓常体便是君子所以为的政治事业，即教化；而小人之匈匈则含有无止境的欲望追求的意思。君子不该顺民之性而为，而是要以教化来矫民之性，所谓"化性起伪"是也。这里已具有反民粹的思想，正像老师不能按照学生的意愿来授课一样。

　　这种政府职能上的区分还体现在贤、能两种政治人才的身上。贤者是教师，掌教化之责；能者为行政及后勤人员，有服务之职。杨倞注："贤士，有道德者也。能士者，才艺也。"[1] 另一处他又注解："士大夫，主教化者。官人，守职事之官也。"[2] 联系全篇荀子一直以教与政、君与师、贤与能、位（次）与官（职）、士大夫与官人之间彼此对举，我们不难发现两者之间的差别。这从尚贤使能的"尚"和"使"两个字便可看出二者地位之高下不同。一般来说，以贤得其位的士大夫主教化之责，亲民导俗，敦厚风化；而以能居其官者往往专于一技之长，打理细务，诸如征税、征役、治安等。如用现代政治术语表述，士大夫类似于政务官，官人类似于事务官。他们之间不仅有教化与厘务的职能分工，而且还有上下级的领导与被领导关系。"传曰：知贤之为明，辅贤之谓能。"（《荀子·解蔽》）"知贤"是君主的职责，辅贤是能士的职责。只有君主选贤使居位于上，能士辅贤使政行于下，贤者才可能实现其教化之职。孔子问冉求之志，求对曰："方六七十，如五六十，求也为之，比及三年，可使足民。如其礼乐，以俟君子。"（《论语·先进》）这正是以能士自任而谦于不及贤者的意思。

　　① 王先谦．荀子集解［M］．北京：中华书局，1997：215.
　　② 王先谦．荀子集解［M］．北京：中华书局，1997：343.

只不过由于当时政治事务相对简单，在人才的挑选上一直强调德才兼备、贤能一体，孔子的六艺之教便是二者兼有。但随着政治事务越来越复杂，技术要求越来越高，德才兼备的人才观不得不向德才分离的人才观转变，在人才分工细化的同时实现相应之政治机构、政治职能的划定。因为西方二元的人生观，故对国家、政治皆持一种消极态度，他们的政治只占人生的一半；我们没有国家与社会、政治与宗教的二元划分，故中国的政治是人生的全体。这是理解中西政治观差异的一个关键。看不到这一点，便无法理解古人政治思维的伟大之处，更不可能走出西方跛子政治的阴影。

这里需要谈一谈对教化的理解问题。在此之前，我们先看看荀子是如何看待作为教化对象的庶民的。

> 人之生固小人，无师无法则唯利之见耳。人之生固小人，又以遇乱世，得乱俗，是以小重小也，以乱得乱也。（《荀子·荣辱》）
>
> 彼众人者，愚而无说，陋而无度者也。其所见焉，犹可欺也，而况于千世之传也？（《荀子·非相》）
>
> 以从俗为善，以货财为宝，以养生为己至道，是民德也。（《荀子·儒效》）
>
> 不学问，无正义，以富利为隆，是俗人者也。（《荀子·儒效》）
>
> 志不免于曲私，而冀人之以己为公也；行不免于污漫，而冀人之以己为修也；甚愚陋沟瞀，而冀人之以己为知也：是众人也。（《荀子·儒效》）

可见，庶民没有师法的教化便只知道隆性而不懂得起伪。在荀子看来，只有性伪合才可算是一个健全的人。对于这些小人，荀子以为：

> 不富无以养民情，不教无以理民性。故家五亩宅，百亩田，务其业，而勿夺其时，所以富之也。立大学，设庠序，修六礼，明七

教，所以道之也。诗曰："饮之食之，教之诲之。"王事具矣。(《荀子·大略》)

但荀子的性伪合不是近代那种对人的本质论、目的论的规定，它不是一个抽象的模型。这里的伪不是一个结果，而是一个过程。伪其实就是学。学得好坏是人与人之间的差别，而学与不学却是人与禽兽之间的区分。教化只是要使之成为人，而不是使人都成为圣人。但教化对于受众而言是被动的，而荀子所说的君子、圣人都是个人主动求学、上进积累的结果。"匹夫问学，不及为士，则不教也。"(《荀子·儒效》)所以，教化只具有低级目标的意义。它不是要把一个庶人培养成士君子乃至圣人，而是使之遵守基本的礼法规范，知其然而不必知其所以然。通过外在仪式的规导来训练、涵养民众的好义之心，使其知道于性之外人尚有更高的追求，不必能于学，但至少可以受教于学。"圣人明知之，士君子安行之，官人以为守，百姓以成俗。"(《荀子·礼论》)此之谓也。至于积为士君子则是个人自觉努力的结果，不是别人可以代劳的。所以，教化不同于现代的意识形态灌输，它更是一种行为示范，而不是理论的强制输入。

对于教化，现代学者多以为有愚民的嫌疑。其罪证便是下面的这段话：

夫民易一以道，而不可与共故。故明君临之以埶，道之以道，申之以命，章之以论，禁之以刑。故民之化道也如神，辨说恶用矣哉!(《荀子·正名》)

再联系儒家的开山宗师孔夫子也说过"民可使由之，不可使知之"(《论语·泰伯》)的话，于是终为儒家安上一顶愚民的帽子。其实，这不免有点戏台底下掉眼泪——替古人担忧。在近代西方认识论哲学对中国知识界造成强大影响之前，中国人一直笃信"非知之艰，行之惟艰"(《尚书·说命》)，直到孙中山才反之曰"知难行易"。所以在古代中国人的知行观中，行要高于知。

> 不闻不若闻之，闻之不若见之，见之不若知之，知之不若行之。学至于行之而止矣。行之，明也；明之为圣人。圣人也者，本仁义，当是非，齐言行，不失毫厘，无他道焉，已乎行之矣。故闻之而不见，虽博必谬；见之而不知，虽识必妄；知之而不行，虽敦必困。不闻不见，则虽当，非仁也。其道百举而百陷也。(《荀子·儒效》)

自由主义以为真理只能通过个人独立的认知获得，这便是前文提到的对个人自我的执固。笛卡尔"我思故我在"的怀疑一切主义便是其哲学上的体现。所以，"知"在西方人的生命中具有高于"行"的意义，并且只能自己去"知"。但与他们的想法不同，中国古人但求能力行之，知之实是行之的手段。而且他们相信，这种行的方式是可以通过对别人（高于自己的士君子乃至圣人）的学习模仿来获得的。它是一个历史的、社会的积累过程，而不一定凡事都要个人自己去认知。正如一个人不必自己亲自制造甚至发明电视机之后才能看电视一样，一个人亦不必事事知之而后行之。在荀子看来，行其实本身也就是知的过程，它是通过生活中的切身体悟而非知识性的逻辑思辨来实现的。所以，教化直接诉诸行动的践习，而不求玄妙的阔论。孔荀的以上言论都是出于此种根本看法而发的，故绝非现代人所理解的鄙民、愚民政策。《周易》讲"百姓日用而不知"也是此意。

（四）美的政治品格

对比现代之庸俗的利害政治，荀子所主张的实是一种优雅的艺术政治。若用荀子的用语表述，前者可谓"性"的政治，后者可谓"伪"的政治。

所谓利害政治是因为它以利害关系为政治的核心内容，权也好、利也罢，皆是这种利害政治观的表现。但正如朱光潜说的："在利害关系方面，人己最不容易协调，人人都把自己放在首位，欺诈、凌虐、劫夺种种罪孽都种根于此。"① 所以，这种政治终走不出争夺、混乱、腐败、党派等罪恶。其原因不在于人类政治智慧与政治技巧的不足，而在于它把政治仅限定在"人之性"的低级领域。与之不同，荀子把政治视为一件涉及"人之伪"的事业，所谓伪便是要化性、矫性、超越于性而不是因性、纵性、限定于性。正因为它超乎于利害关系之上，从而成为一门艺术的审美活动。

人是一种矛盾的动物，他既想获得一种限定性的稳定，又想追求超越于限定性之外的无限可能。关键是把后者的无限追求引向何处。若把无限性的追求导入一个有限性的领域，必然造成无限与有限之间的冲突。但若把无限性的追求引向无限性的领域，却正可以化导这一矛盾，并且还成就了人的这种正当追求。相对而言，物质是一个有限的领域，而艺术是一个无限的空间。现代社会把人的无限性追求引向对财富的无限占有，是从根本上走错了路；而荀子通过对政治的艺术化塑造，为人类提供了一个实现自我无限性追求的健康舞台。

按照梁漱溟先生的看法，中国古代社会只有职业分途，没有阶级对立。政治亦是一种职业。不论孟子还是荀子，都是从社会分工的角度来看待政治。孟子的劳心劳力之辨可以说是最好的例证。但政治不同于农、工、商等其他职业，而是高于它们，是一种志业，非一般人可以胜任。只有士君子才有从政的资格。所谓志者，心之所之也。政治这一职业的高尚之处在于：农、工、商之业皆不过是怀着自私求利之心而为之的谋生活动，庶民劳于农、工、商不过是为了挣得衣食，终究是一种为私的职业；而政治却要求从政者有大公无私的毋我精神，从政不是为了一己之私，不是为了谋一份俸禄，而是要奉献于一乡、一邑、一国乃至天下。它实是一种伟大的审美活动。在这种审美性的政治中，从政者在上得其行道参天之乐，小人百姓

---

① 朱光潜. 谈美书简二种 [M]. 上海：上海文艺出版社，1999：92.

在下收其仁政教化之惠（"君子乐得其道，小人乐得其欲"），上下各取所需，两全其美，各得其宜。所以，政治作为一种志业、一门公的事业，切不可由怀有私心的小人充任之。这是从孔子到荀子，儒家一直主张贤人政治的根本考虑所在。

朱光潜先生说："人要有出世的精神才可以做入世的事业。……无论是讲学问或是做事业的人都要抱有一副'无所为而为'的精神，把自己所做的学问事业当作一件艺术品看待，只求满足理想和情趣，不斤斤于利害得失，才可以有一番真正的成就。"① 前文所谈到的君子的"毋我"品格便是如此。毋我不光是一种思维方式，更是一种行为方式。"公的政治精神"恰是依靠君子的这种毋我品格才得以实现。毋我品格本身也是一种超越于利害关系之上的审美态度。因为只有士君子才具备毋我的品格，所以只有士君子才可以从政。君子从政，不会计其私利，更不会因其利归于下而对下面的民众有一种居功自傲的心态。在毋我为公的事业中，君子劳顿而无怨，功成而弗居，他们只觉自己是在恪尽天职。客观上，美的愉悦便是对他们最好的回报。这种美的政治品格可以从以下几段文字所展现的君子气象中看出。

行而供翼（恭翼），非渍淖也；行而俯项，非击戾也；偶视而先俯，非恐惧也。然夫士欲独修其身，不以得罪于比俗之人也。（《荀子·修身》）

君子贫穷而志广，富贵而体恭，安燕而血气不惰，劳倦而容貌不枯，怒不过夺，喜不过予。（《荀子·修身》）

君子行不贵苟难，说不贵苟察，名不贵苟传，唯其当之为贵。（《荀子·不苟》）

君子崇人之德，扬人之美，非谄谀也；正义直指，举人之过，非毁疵也；言己之光美，拟于舜禹，参于天地，非夸诞也；与时屈伸，

---

① 朱光潜.谈美书简二种［M］.上海：上海文艺出版社，1999：92.

柔从若蒲苇，非慑怯也；刚强猛毅，靡所不信，非骄暴也；以义变应，知当曲直故也。(《荀子·不苟》)

可以看出，荀子这里强调的还是孔子一贯的"君子求其在己者而不务其在人者"的教诲。只有把政治当作一件审美的事业来做，才会有毋必、毋固、毋我的洒脱态度。同样，正是由于政治是一项美的事业，所以荀子才会强调"有治人，无治法"。

对于君子而言，政治是一种志业，是一项审美活动，也是理想人格的生成过程。以此来看，荀子关于臣道的一些持身固位之术的论述，便可理解为一种审美的游戏。与其说这是乡愿式的权术，不如说是君子游刃有余的审美技巧。五代时的冯道大概是这种人的典型吧。

况且荀子所言之术并非奸邪不可示人之计谋，亦是本于儒家明哲保身、用行舍藏、毋固毋必之旨，本无可非议。为澄清误解，不妨全文引述如下。

持宠处位，终身不厌之术：主尊贵之，则恭敬而傅；主信爱之，则谨慎而嗛；主专任之，则拘守而详；主安近之，则慎比而不邪；主疏远之，则全一而不倍；主损绌之，则恐惧而不怨。贵而不为夸，信而不处谦，任重而不敢专。财利至，则善而不及也，必将尽辞让之义，然后受。福事至则和而理，祸事至则静而理。富则广施，贫则用节。可贵可贱也，可富可贫也，可杀而不可使为奸也：是持宠处位终身不厌之术也。

求善处大重，理任大事，擅宠于万乘之国，必无后患之术，莫若好同之，援贤博施，除怨而无妨害人。能耐任之，则慎行此道也；能而不耐任，且恐失宠，则莫若早同之，推贤让能，而安随其后。如是，有宠则必荣，失宠则必无罪。是事君者之宝，而必无后患之术也。(《荀子·仲尼》)

迫胁于乱时，穷居于暴国，而无所避之，则崇其美，扬其善，违其恶，隐其败，言其所长，不称其所短，以为成俗。

……

（事君）若驭朴马，若养赤子，若食餒人。故因其惧也而改其过，因其忧也而辨其故，因其喜也而入其道，因其怒也而除其怨，曲得所谓焉。（《荀子·臣道》）

由以上几段文字可见，荀子实非乡愿，不过是笃守儒家责己自为之道，反身求诸己而已。只是少了些孟子那样的豪气性情，多了些忍辱负重的温良恭俭让。但美有阳刚的豪迈之美，也有阴柔的和顺之美。在这一点上，孟荀之间只有趣味取向上的不同，而没有对错高下之分。

对孟子而言，"君之视臣如手足，则臣视君如腹心；君之视臣如犬马，臣之视君如国人；君之视臣如草芥，臣之视君如寇仇"（《孟子·离娄下》）。所谓君若不君，则臣可不臣是也，但这是就君臣之间而言。若对政治这一公的事业而言，君虽不君，臣亦当臣。因为臣实是在尽公职而非为私务。对于儒者而言，不管别人怎样，自己绝不可失儒者之仪范风度。故荀子更强调在政治这一公的事业中，宁其失人君之职，我不可失臣下之责；宁其失主上之仪，我不可失儒者之态。而这一切只有以审美的态度来看待才可能做得到，所以荀子的贤人政治实是一种审美政治观。李泽厚说："中国的政治是伦理政治，美善不分或美善同一的观念非常持久。"① 在人是毋我的品格，在政治则成为公的精神，二者恰是通过审美的连接才得以内外会通。因为它是美的，所以它是公的；因为它是公的，所以它是美的。公的政治精神、美的政治品格、毋我的理想人格是三位一体的，这便是荀子将道德、审美、功利冶于一炉的政治观。

---

① 李泽厚．美学三书［M］．天津：天津社会科学院出版社，2003：224.

政治美学与美学政治

　　1997—2004 年，我在复旦大学就读政治学专业。在研究荀子的过程中我发现，儒家（主要指先秦时期）的政治理想中含有很强的审美意味或者叫审美品格，所以我的硕士论文将荀子的政治思想概括为"公的政治精神""礼的政治形式""教的政治内容""美的政治品格"（其实这个时候我对美学还一无所知，只是凭着自己所看的几本有限的美学著作和自己的体味就下了这样一个判断，以严格的学术规范来看似乎过于大胆了）。在我看来，儒家的政治不光具有伦理之维，还有审美之维，美善一体在儒家的政治中得到了最好的体现。当然，这种审美性不同于老子说的"天地不仁，以万物为刍狗"的那种历史鸟瞰式的审美，而是作为政治主体的士君子在赞天地之化育的亲亲、仁民、爱物的过程中所体验到的与天地比德同参、独与天地精神相往来的那种生生不已、大化流行的境界审美。梁漱溟先生说，中国人（主要指知识精英阶层）理性早启，所以不会有西方基督教那般的宗教信仰。蔡元培先生曾提出以美育代宗教的主张。其实这或许并不是一个新的主张，不过是对中国历史的一个发现而已，那些儒道（禅）互补的中国文人士大夫们哪一个不是在审美的徜徉之间获得生命之最终依靠的呢？当然，如果诚如我上面所说，中国古代的审美不光体现为文学艺术，也表现在政治之中，那么以美育代宗教就确确实实是一个历史事实了。不过在证明之前，这还只是一个大胆的猜测。

　　其实我也并不是完全背弃了政治学而彻底投入美学的怀抱中，

政治学依旧为我提供着基本的问题，而美学则是我寻求答案的一条路径。我没有那种为了学术而学术的纯知识兴趣，我只是为了解决我心头的问题而来。所以在我这里，学科不是圈围我的围墙，而只是我渡河的竹筏。在我看来，现代学科分割的体制已然造成了人生的分裂，用荀子的语言表达就是：哲学蔽于理而不知情，历史学蔽于实而不知真，法学蔽于同而不知异，经济学蔽于身而不知心，政治学蔽于利而不知义。而我所求的，是一个完整的人生。孔子说：知之者不如好之者，好之者不如乐之者。我的理解是：知之，理性把握也；好之，道德自觉也；乐之，审美愉悦也。这是三个人生层次。对所有的学科而言，包括美学，其实还都只是在"知之"这个层次上。美学与其他学科的唯一不同在于它所研究的对象是美的，但它本身却并非是美的。所以，我所追求的将是美学的美，而不是美学的学。美与学的不同偏好或许正是中西方美学的不同所在，而我毕竟是个生于今之世而志于古之道的中国人。

叶朗先生在《中国美学史大纲》中曾提出中国美学中虚实结合的问题，这组概念正好可以用来说明儒家政治的审美品格。不妨让我比照儒、墨、法、道四家对待政治的态度来看：

老庄道家————————先秦儒家————————墨家：实于利民

法家：实于利君

过于尚虚————————虚实相维之美————————过于尚实

太实的人生往往在实之后便是乏味，太虚的人生常常在虚的尽头便是绝望，亦实亦虚、虚实结合的人生才会在当下活得既充实又有意义。所以，道家过于尚虚，则政治便不成其为政治了；法墨过于尚实，又使政治完全成为现实权力和利益的分配场所，失却了审美的维度；而儒家秉持的是一种虚实结合的政治观，也就是朱光潜先生所说的"以出世的精神，做入世的事业"，士君子上比天德，长养万物，抚念群生，而不与民争利，故而小民得其实之惠，士君子得其虚之美，百姓受惠于政治的结果，君子享受着政治的过程，双方各得其所，两相适宜。从济民惠众的实的结果来讲，政治是伦理性的；而从修齐治平的虚的过程来说，政治又是审美性的。审美和伦理其实是政治的虚实两面，虽是两面却又一体。艺术之落实便是道德，道德之风动即为艺术。道德往往以道义之故正气冲天，过刚过阳；而审美又常常因优游的品格而不免萎靡，过柔过阴。所以美善正可相济，有时候道德的沉重感需要审美的轻置一笑，而审美的轻飘性又恰需道德的厚重加以充实。如此庶乎近于阴阳中和之道。如果我们用一个简单的公式表示，大概就是：政治＝审美（艺术）＋伦理（道德），真＝实＋虚。这是一种完全不同于西方历史上以及现实中的政治观，它是中国原生智慧的体现。

在荀子看来，天能生物不能办物，地能载人不能治人。所以，才会有："天地生君子，君子理天地"；"天地者，生之本也；先祖者，类之本也；君师者，治之本也"；"天有其时，地有其财，人有其治，夫是之谓能参"。一个"参"字，道尽了儒家对伟大的君子人格的追求。以上可以说是儒家民本政治观的所以然。对比单纯把政治理解为一种利益问题的民主政治观，民本思想具有更为丰富的内容和更为高尚的品格。

孔子曰："志于道，据于德，依于仁，游于艺。"朱熹把"艺"字解释为礼乐射御书数六艺。我的理解，分开看便是这六艺，合起来看就是政治，所谓的"游于艺"其实是优游于政治之中，因为对于儒家的人生来讲，政治正是这样一项审美活动。我之所以这样说主要基于以下两个考虑。

第一，在孔子那个时代还没有书法、绘画等让后世文人可以寄托情志的诸多艺术方式，那时类似的艺术或许只有音乐了，如俞伯牙与钟子期的知音之交，夫子闻《韶》三月不知肉味等。而按照徐复观先生的讲法，中国文化中的艺术一系主要是从庄子那里衍生出来的。那么在这样的状况下，儒家的审美情怀将如何措置呢？我认为，是政治。六艺之学之于政治就好比唱念做打之于京剧，而完整的人生总是要展现于完整的舞台之上，不可分割开来看。引申开去，艺术是否是政治无望之后的自救？就像人生中儒道互补一样？若果真如此，那就更证明了政治与艺术之间的审美共通性。

第二，我没有艺术的实践，不懂得其中的体验，但我觉得政治相对于书法、绘画等艺术在技艺上应该更为困难。因为书画主要还是作者独自面对那个精神的世界，然后再借助某种技艺把它表达出来；而政治却不然，它所面对的是一个永远在此消彼长、重组的世界，它的艺术表达（体现为政治的作为）不光要依赖于自身的品格体悟，还要受制于外界的时势境况。这就需要士君子具有更为高超的境界与技艺，就像解牛的庖丁一样，或者像夫子自道的那样"从心所欲，不逾矩"。但也正是这更高的难度，才能考量出君子更高的审美品格。一帆风顺的成功许多人都可以欣然领受，而百折不回的困厄却不是每个人都能够承受的。孔子在《论语》中关于"命"的几处讲法，所谓尽人之力、听天之命，其中含有颇深的知其不可而为之的凄美意味。

后世的士大夫，主要还是首先把书画等艺术作为对自身品格精神的一种训练，而训练的目的还是要登上政治这个人生的大舞台。或许只有这样，才可以解释一直以来政治在士君子的生命中所占据的重要地位。

以往我们对美学的理解大多以艺术作为其表现形态，如书法、绘画、音乐、建筑、雕塑等，它与政治、道德的界线被区分得非常清楚。但或许这只是"道术为天下裂"之后的现象，越是在远古人类的生活越是混一的。孔子的音乐理论不恰与其政治教化的理想联系在一起的吗？所谓"文以载道"更是千古的定见，只是后来人以"文艺自觉"为价值参照，不免薄古而厚今罢了。其实对于一个完整的人生而言，文艺的自觉未必是什么好事。作为后世之学者，"不幸不见天地之纯、古人之大体"，不亦悲夫？或许《庄子·天下》篇中所说的"内圣外王"的合一之道就在先秦时代的政教之中吧。

我越是阅读儒家的经典，越是觉得儒家的政治是一项审美的事业。"赞天地之化育，与天地参"，这难道不是一种壮阔之美吗？"依于仁，游于艺"，谁又能分得清这是政治，是道德还是审美呢？或许在儒家那里，政治恰是一个君子成就其审美人格的修行道场，就像画家在绢纸上写其逸气一样，儒生不过是以其不忍之心在大地之上、众生之间绘其壮美蓝图罢了。政治一如艺术一样，也是虚实相生、形神兼备的，它不光有实用的结果，更有无尽的况味。于是，君子沐浴着作为政治过程的"虚之美"，而百姓则享受着作为政治结果的"实之惠"，双方各取所需，两下皆宜。孔子所言"君子乐得其道，小人乐得其欲"，此之谓乎？古人有诗曰：无限风光在险峰。政治岂不正是人生之险峰？

艺术史上伟大的魏晋南北朝时期，多种文艺层出，艺术走向自觉。但我们也看到，这正是一个政治崩溃的时代，不光是政治秩序的崩溃，更是政治价值本身的崩溃。人们不再对政治怀有孔子那样的生命体认，于是纷纷"越名教而任自然"，移情于艺术。这才有王羲之神逸的行书，嵇康挥洒的《广陵散》，宗炳、王微、谢赫的山水画论，以及曹丕、刘勰的文论等。同样在后世的元代，山水画的卓越成就以及杂曲创作的繁荣也恰巧是和汉族士大夫在政治上的不得施展相同期的。这使我不免有一个大胆的猜测：是否这两个时期中艺术及其理论的发达、繁盛正是时人原来寄托于政治上的审美情怀在厌恶了政治（主动的）或不得与闻于政治（被动的）之后转移出来的产物呢？也就是说，艺术与政治不过是同一团逸气之不同方式的凝结。若果真如此，那是否可以证明艺术与政治在审美上的相通呢？而科举开启的文人政治是否可以看作对这一审美政治理想的复归呢？孔子讲：学而优则仕。这个"优"有人解作心境的优游，这与后世文人以艺术陶养心胸、以出仕为官历练境界不是很相像吗？否则我们又如何解释历史上像苏轼这类文人的政治情怀呢？更如何解释政治在历代文人生命中的中心地位呢？简单的儒道互补是无法解释的，因为这毕竟没有说清楚这两者之间到底是如何贯通的。

今天我走近美学完全是随着自己内心的问题引导而来。我也很爱中国哲学，但我不喜欢它那种已经西化的概念化研究方式；我也很爱历史学，但我不喜欢它那种解剖死的躯体胜于把握生命活的灵气的读书方法。所以也许中国美学于我是唯一通向古人心灵的活路。我越来越坚信：不懂中国艺术的人便不可能理解中国古人的政治思想。尝有学生问孔子为政之先，夫子曰："必也正名乎！"

由于中国古代理性早启，脱离了原始宗教的蒙昧，所以它的一切论说都是道德性的，相应隐含的是一种审美性。之所以说它是审美的，就因为在政治的事业中，作为政治主体的君子要做到毋我无私，上体天意下察民情，完全超越于生死利害之外。这种品格既是善，也是美；既是道德性的，也是审美性的。从"善"和"美"这两个字的写法上（两个字的上半部都是一个"羊"字）也可看出中国人思维中的美善一体的观念。

作为政治主体的君子，他们从其中获得虚之美，也就是前面所说的与天比德的审美性；作为政治受众的百姓，他们从其中获得实之惠，也就是孔子讲的庶、富、教三个层次。上下各得其所，这就是审美性的政治。

在徐复观看来，孔子那里的艺术主要是乐，而且这种乐主要起到教化民俗的政治功能。而后世不断衍生出来的绘画、书法、音乐（多为胡乐）等，多由庄子一派哲学衍生出来。由于它们都具有超越于政治之外的特点，自然取得了艺术上的自足独立性。但若以绘画做比，艺术（狭义上）之绘画不过笔纸墨彩而已，不论是写实还是写意，虽咫尺千里，亦不过一时之兴致也。而且纵是画坏了，不过把纸一揉。但政治这幅大画卷就不一样了，它以天地为纸，以性命为笔，以万物百姓为彩墨，置死生荣辱于度外，落笔无改，写就一番历史的画卷。二者之间，君以为孰轻孰重？

故曰：私家之艺术玩味固足以点缀平生，然政治之弘业实堪经纬天地！两美之间，大小自不待言矣。

古今中西之政治得失

一

钱穆先生的《中国历代政治得失》我早年间在复旦上学时读过。那是我第一次读繁体竖排版的书，薄薄的，书面粗糙，好像是民国时印的。一口气读完后，整个人仿佛受到电流冲击一般，内心深处久久不能平静。就是这本小书激荡起我对传统政治的兴趣和挚爱，以至于延续到今天依旧不改。

如今传统虽然隐去，但并未死亡。我对中华文化的信心追根溯源正始于读钱先生的这本小书。此后又读到先生的《中国文化史导论》，愈加令我喜不自胜、信心百倍。

今次我又重温了一遍此书。在书中，我看到的不是中国两千年政治史的"节节败退"，而是道统对抗政统的"坚强不屈"。在汉唐宋明清五个朝代中，钱先生尤其批判了清朝部族政权的私心，以此来彰显天下为公的本义。政治史不同于政治思想史，不是道统的纯粹落实，而是王霸道的混合杂用。这就需要我们辨伪存真、批法评儒，从混杂的政治制度中淘炼出作为精华的真金白银。在我看来，钱先生所做的正是这样的工作。他对传统的回护亦应作如是观。换句话说，正是由于钱先生在传统中发现了宝贝，他才会有回护的辩解。

友人言："钱穆处处欲为古代政治做一辩护，然而又不能拿出系统的见解来做一理直气壮的辩护，于是读起来，就仿佛一位家道中落的秀才，欲为祖上荣光挣回脸面，时而作揖顿首，时而蛮横撒泼，这面子乞讨得十分艰难。然而我何尝不想要中国文化的脸面？我看他乞讨得苦了，心里反而更痛了。"

要知道在钱先生那个时代，中国传统被说得一无是处，钱先生只是针对此种偏激之论加以反驳，其苦心孤诣可想而知。再者，钱先生为中国传统说好话也不光是为了辩护，更是为了让我们看到古人的长处，学习古代的智慧，而不要患上一味批判的愤青病。

当年徐复观先生初向熊十力先生请教学问之道，熊先生要他先去读王夫之的《读通鉴论》。读完之后熊先生问他有何心得，他却接二连三地说出许多不同意的地方。熊先生未听完就怒声斥骂他说："你这个东西，怎么会读得进书！任何书的内容，都是有好的地方，也有坏的地方。你为什么不先看出他好的地方，却专门去挑坏的；这样读书，就是读了百部千部，你会受到书的什么益处？读书要先看出他的好处，再批评他的坏处，这才像吃东西一样，经过消化而摄取了营养。"徐复观先生称这是对他"起死回生的一骂"。

我想钱先生在此只不过遵循了中国古人的阅读方法而已。我们今天的学界最缺乏的正是这种真正学习的谦虚态度。很多学者总是看不到别人（包括古人和今人）的长处，研究的目的似乎就是发现别人的短处，然后大加批判一番，以此来显示自己的高明。

而且钱先生不是政治学家，对西方的民主政治亦不能如今人看得这般清楚，所以难免有些比较论述上没有击中肯綮，更未能给出有力的系统阐释和回击。但这些大体上可以归为时代原因，对此我们不能求全责备。反之，倒是今日有了更清醒反思意识的我们，有责任来接续钱先生所没能完成的论述工作。

如钱先生说中国政治从贤、西方政治从众，从贤重质、从众重量①，这话在当时民主风头正劲之际听起来一定颇为刺耳，在今天看似乎就要平和许多。此外，钱先生认为"革命的本质，应该是推翻制度来迁就现实，绝非是推翻现实迁就制度"②，确为先见之明。再

---

① 钱穆. 中国历代政治得失 [M]. 北京：生活·读书·新知三联书店，2001：39.
② 钱穆. 中国历代政治得失 [M]. 北京：生活·读书·新知三联书店，2001：54.

有，钱先生认为"西方社会有阶级、无流品，中国社会有流品、无阶级"①，一个流动的"流"字准确地凸显了中西社会的不同，这样的见地不是一般人所能企及的。

另外，钱先生认为"西方人讲政治偏于主权，中国人讲政治看重职责"②。为什么会如此呢？钱先生的解释是："中国政权开放，故不重主权归属；西方开放得迟，故老是争主权所在。"③这里其实已经点到了中西政治的根本分歧，只是说得尚不够深入明了。至于其"主权的背后则是一种自由意志，……这是权利，非道义"④，更是与施特劳斯在《自然权利与正义》中的论述不谋而合。可惜钱先生的西学根底不足，否则应该能够更好地进行对比阐释。

但钱先生也有一些不刊之论足以启示后人。例如，他对近代史的总结："康有为要变法（制度建设）不要革命（向满族争主权），看了制度没看主权；章太炎要革命不要变法，看了主权没看制度；孙中山则主张先革命后变法，既看到主权又看到制度"⑤真乃是一简洁明白的概括。

从钱先生对汉唐宋明清五个朝代的讲述来看，他比较推崇汉代的政治体制，不论是中央的宰相制还是地方的郡县制。对唐代则赞赏其经济制度，他认为汉代在社会上层节制资本，但对下层却没力量管；而唐代则在下层由国家计划分配，而让上层富民自由发展，这样对老百姓更为有利。⑥

总之，在汉唐宋三朝，由于制度上存在君权与相权之间的划分，虽然相权的比重已经逐渐递减，但不可称之为君主专制。明清两代通过彻底废除宰相，才从制度上完成了皇帝专制体制的建立。相比之下，清朝又比明朝更独裁。明朝还有六部来辅助皇权的施行，清朝则因其异族统治而高居法外，满洲贵族集团成为专制皇帝的权力

---

① 钱穆.中国历代政治得失［M］.北京：生活·读书·新知三联书店，2001：124.
②④ 钱穆.中国历代政治得失［M］.北京：生活·读书·新知三联书店，2001：141.
③ 钱穆.中国历代政治得失［M］.北京：生活·读书·新知三联书店，2001：145.
⑤ 钱穆.中国历代政治得失［M］.北京：生活·读书·新知三联书店，2001：167.
⑥ 钱穆.中国历代政治得失［M］.北京：生活·读书·新知三联书店，2001：66.

依靠，于是寄信上谕一类的秘密政治盛行，政治制度沦为部族政权的法术私心。

若是追根溯源，清朝的专制继承自明朝，而明朝的体制又发展自元朝，元朝的体制学习于金朝，金朝的体制可以上溯到辽朝，辽朝的体制则是唐朝后期体制的胡化。这其中除了唐朝和明朝之外皆是少数民族政权，其中尤以元朝和清朝的部族政权色彩最强。所以中国古代政治中的专制因素可以说并非来自于我们的儒家传统，而是部族政权的外来因素。

这里顺便解释一下我对传统的理解。在我看来，传统有两个要件，即传和统。"传"指的是历史传承性，"统"则指正统主导性。这样来看，道家、佛家、法家、墨家都只属于"传"，都算不上"统"，唯一能同时满足这两个要件的只有儒家。所以，我们指称中国的传统非儒家莫属。

我们要挖掘传统资源自然要从儒家去找，而不可从夹杂在历史泥沙中的部族政权法术中去探寻。不区分这二者，就会使我们要么鱼目混珠，要么玉石俱废，进而可能滑入历史虚无主义的泥沼。钱先生之肯定汉唐、批评宋明、否定清朝，正是化用了春秋公羊学的三世说，即所传闻世（太平世）、所闻世（升平世）、所见世（据乱世）。

三世说看似是一种退化史观，但小康大同之说又可以说是进化史观，另外孔子监于二代郁郁从周又体现出累进史观，那么三者到底孰是孰非呢？在我看来，三者是互补共存的关系。儒家的历史观不是单一面向和单一模式的，而是一个三棱镜，三者互相映射，遍照大千世界。概而言之即是，以累进史观继承传统，以退化史观批判现实，以进化史观转化未来，未来即在传统之中，是谓反本开新。

以上就是我读书后的一些想法。另外我在网上还看到一段对这本书的评论，可以代我传言，故而附录于后，以资讨论。

钱穆在书中叙述的是一个公认的史实，中国的君权从秦汉以来一直呈现一个集中的趋势。他把宰相等朝廷命官的组合称为政府，从某种意义上是可以这么说，他们的存在一定程度上分担了皇帝的一些权力，皇帝并不能为所欲为：他的行为一方面要遵循中国传统制度，另一方面也受到百官的约束。钱穆举了很多例子来说明这个论点，我们不讨论这个束缚有多大或者多小，事实上它确实是存在的。

但趋势是皇权越来越集中，清朝时发展到极致。为什么？钱穆认为由于之前皇帝没有独裁的基础，独裁者必须要有特定的固定利益集团的支持，贵族、军人、工商业者都不是，而士大夫不是一个固定的团体。钱穆认为中国传统政权是开放的政权，不论出身贫寒还是富豪只要通过考试就能加入政府，参与政权，和其所处的阶级或阶层无关。而清朝皇帝就能建立独裁专制，不设宰相，私设军机处，经常越过六部直接向下发布命令，原因是因为其身后有个固定的利益集团——满洲部族。清政府的高级官员设置，总是一满才有一汉，汉族官员永远做不到大官，直到光绪年间；设立几个禁区禁止汉人迁入，目的是留作满人的后路；清朝的科举制不是为了让汉人参加政权，只是对汉族人的一点妥协，甚至可以说是一种愚民政策。总之，清之统治是为着整个满洲部族的利益，清朝的统治措施不是制度，只是法术，是部族政权的私心。

二

"三千年未有之大变局"，可以说，中国近代化的转向就是应对这个问题的结果。但我们也要注意，不要把古今绝对地对立起来，好像非此即彼、势同水火一般。所以，问题的出路不是要么完全拥护现代、要么完全回到古代的二选一，而最好是在古今之间的调适共和。

再者，从一体之仁的角度看，现代科技和机械化大生产给人类生活带来的方便也不可完全否定。其错误只是在于太过，在于资本的逻辑统摄一切，反客为主。孔子曰："若能博施济众，何事于仁，必也圣乎！尧舜其犹病诸？"于此可见圣人的理想。

另外对于现代性的笼罩也不必过于悲观。以前我对于资本的逻辑支配和理性化的牢笼统摄都甚为悲观，不知道人类能否走出这结构性的力量控制。但后来从儒家那里获得了信心。儒家不相信什么结构性力量的绝对控制，认为这些不过是时代之"势"，"势"终究不可能永远盖过"理"。所以我们可以尽人之力，以理转势。这也正是智仁勇的君子三达德，是自强不息、人定胜天的乾刚之性，是人之为人的崇高人格体现。命自我作，事在人为，一切皆在可能之中。

古代人与人之间由资源财富的分配而引起的紧张关系大多是出于生存的本能需求，而现代的紧张则加入了精神性的因素，如人格、尊严、荣耀、法权等，对于这一点韦伯的《新教伦理与资本主义精神》揭示得最为透彻。本能性的紧张大体还会控制在保全生命的冲突范围内，而精神性的冲突则常常非得争个你死我活不成。看看西方历史上的宗教战争即可了然。所以今天人与人的紧张关系不再仅仅局限于个人之间，而是上升为群体之间的紧张。在早期资本主义时期它表现为阶级矛盾，在现代表现为民族国家之间的矛盾，在当下则更升级为文明之间的冲突。于是古代个体生命的威胁已经上升为今天人类群体生存的威胁，原子战争的阴影即是其最好的证明。

由于物质标准的泛滥，部分人高尚的文化理想被庸俗的商人理想替代了，布尔乔亚气息弥漫着整个社会，士农工商的流品社会秩序颠倒为商工农士的阶级社会结构。按照韦伯的看法，如果说新教伦理造就了资本主义的精神，那么我们现在要做的就是要用儒家伦理来节制资本主义的精神，在物质与精神之间获得一种调适平衡。

比照之下，回到钱穆这本书我们会发现，钱先生所做的只是消极性辩护，即力图证明我们的传统政治不是专制的。但不是专制还不等于民主，所以他的辩护其实软弱无力，并不能证明自身的合理性。在他那个年代，民主近乎神圣，几乎所有人都不敢对之质疑一词，钱先生亦然。所以他对中国传统政治再推崇也还是不敢针对民主做一番理直气壮的积极辩护，毕竟那个年代还缺乏反思民主的学术气氛和思想能力。当然，像尼采那样的超人是不受此限的。

我理解钱先生的消极辩护其实是想把中国传统政治从专制－民主的二元话语中择出来，进而避免我们成为黑格尔眼中的西方史前史，避免我们走上大众政治的现代化之路。如果接着钱先生的思路说下去，民主政府也好、士人政府也罢，都不过是实现开放政权的不同形式而已，只不过西方人采用的是选举的方式，我们采用的是科举的方式。从开放政权这个指标来看，我们并不输给西方的民主制度，而且历史比它还要长。只是到了清朝，八股取士丧失了取才的社会功能，沦为部族政权收买人心的手段，这样我们才渐渐不敌民主制。

钱先生的问题意识只是在接续古代中国与现代世界，还没有到反思现代性的一步。换言之，他们那时候传统思想还有很大比重的存在，主要任务还是融入现代新知。我们今天则是传统思想大多丧失，满目全是现代性的疮痍，所以要讲传统多一些才行。此即当下人所言之"缺什么补什么"。正如钱先生所说，没有几百年不坏的制度，古代如此，现代依然。现在不是暴露出民主制度的缺陷了么？所以正好是我们去调和修补的时候。

三

近代以来西方一直存在两种民主理论，一种是功利主义的言说，也即经验的论证，主要从利益表达和维护的现实角度加以辩护；还有一种是共同体主义的言说，是规范的论证，主要从公民教育、德性培养、人格塑造和自我展现等精神性的角度加以论述。前者的代表有霍布斯、洛克等人，后者包括卢梭、阿伦特等人。但从历史来看，现实中的民主更接近前者而非后者，所以才会有熊彼特对于民主作为一种程序的工具性再定义，才会有阿伦特对于现代民主的批判。民主理想许诺给我们的是自由城邦，而兑现给我们的却是权力市场。

几百年的西方民主史告诉我们，那个所谓的民主理想不过是个虚幻的天堂，它的作用是安抚我们的反抗，以移花接木、偷换概念的手法为不合理的现实民主做涂抹圣油的粉饰和辩护。所以说，所谓公民的自我教育、共同体中生发出的公德心，只能是理论上的美好想象，在现实的民主中是找不到的。相反，由于大众的参与，民主降低了政治的品质，使政治扁平化为闹哄哄的利益纷争，失去了其贵族性和文化品位。

理想的民主自称可以教育人，可现实的民主却更多是在败坏人。其实代议制理论早就宣布了民主（民治）的不可能，但资产阶级的聪明就在于他们依旧以"代议民主"的招牌来掩盖"精英统治"的事实。在这个大众的时代，统治者早已学会了一方面用甜美的谎言去欺骗他的臣民，另一方面却毫不手软地强化他的统治。

人应该怎样生活？人应该以何种方式参与社会生产劳动以谋生，应该以何种方式解决个人与他人的冲突以及个人与国家的冲突，应该以何种方式决定与他国的战争与和平？其实这些问题很简单，通过"礼"可以界定。礼是社会的基本规范，它不光调节人与人之间的关系，而且赋予人的生活以意义。礼是圣王智慧（也即人类集体智慧）的积淀，无须每个人单独去面对这些问题。所以洛克和卢梭那种"每个人都应该自己决定自己怎么生活"的观点是不成立的，因为他们抽离了人的历史性和社会性，把人看作孤独的个体，这也正是近代以来的个人主义迷思。人应该在历史和社会的学习中不断成长，虽然每个人本性自足，但学习的过程却需要师友的切磋引导，这是人类的经验事实。

礼是一种差序格局，这是它与民主理念最不一样的地方。民主理念想象的图景是一个均质普遍的棋盘型社会，但人人生而平等的理念从来都不曾获得其历史经验的证明。平等与其说是人的实然起点，不如说是应然的追求目标。儒家的性体良知，佛家的自性般若，都是从终点上来理解平等的。近代西方理论追求的人生是意志的自由多元，而中国传统思想追求的人生是良知的自我震动和觉醒。恰是这种人生追求上的差异使我们无法接受民主的价值理念。当然，我也不是完全否定民主，作为一种制度安排的民主（不单纯是选举民主，还包括参与民主等多种形式）还是有其工具性价值的。

四

我认为，政治并不是为全社会直接提供一种好的生活模式，而是要为个人提供一个追求好的生活的可能条件。正如中国的"道"这个字所透露出来的信息，道就是一条路，只是把我们接引上去而已，至于沿途看到什么、听到什么、走到尽头又发现了什么，这却是要交给个人去自我体证的。

也正是从这个对政治的定位来看，我觉得民主政治是失败的、不足取的，因为它不能为我们提供这样的可能条件，更不能开启这样一条向上的道路。民主政治就像把所有人挤在一个游泳池里，既不能上天揽月，也不能下洋捉鳖，只能凉快凉快身体。透过民主政治力图培养起来的那些所谓社会公德，在我看来真是肤浅得很，就像我们小时候玩的过家家游戏一样。民主就是这样一种人面对人的游戏，可真正深邃的好的生活一定是面向天的。缺乏神性的引导，哪怕铸造得再精致，也注定是个地上的世俗之国。包括在阿伦特的共和民主那里，也一样不见古希腊城邦神的身影。于是，立体的时空成为扁平的囚牢。

至于自然状态的假设，我以为大可不必，人类的生活不可能建立在假设之上。其实人的历史只是宇宙生命洪流中的一段而已，往上走还有源头，但非我们所得见；往下走还有余波，亦非我们所敢想。妄图以一个理论假说来截断历史，自作开端，君不闻，抽刀断水水更流？在这一点上，佛教比西方哲学要看得明白。

关于历史哲学，我以为大可不必执着。说白了，理论这东西没有自性，不过是用来实现某种功能的工具而已。记得谢遐龄老师以康德哲学立说，区分了三个世界：一个是物自体世界，一个是人的先验认知世界，还有一个就是以后者观照前者得出的理论图景世界（既包括自然科学也包括社会科学，历史哲学应该归属于这里）。中西之间的差异根本上不是在第三世界，而是在第二世界，第三世界不过是第二世界的结果罢了。比如,关于什么是"好",便会各不相同。当然,不能由此得出多元主义的结论。因为这种认知／思维模式的差异其实是可以比较的,有高低之分。如梁漱溟先生就有过这方面的尝试,现在美学领域的中西比较也能让我们看到这种差异。

转回来再说,政治其实就是个梯子,要想寻找好的生活还得拾级而上才行。如果你自己都懒得爬,那又怎么会看得到高处的风景呢?但民主不是一个梯子,而是一个广场,一个平面。当然,大部分人是不愿意爬梯子的,所以广场更适合大众,更迎合平庸。

作为现实,我以为礼制比民主要好;作为理想,一体之仁的良知感通要比民主实。

五

民主有三重含义,即民有、民治、民享。

直接的民治在现代国家已是不可能,所以才有代议制的折中,最后落实下来还是精英统治,可见民治是不可行的。所不同的是,中国传统讲的精英是文化精英、德行精英,是作为流品的士大夫,抱持的是天下为公的仁心;而今天选举制度下讲的是知识精英、财富精英,自身是某一阶级的代表,只对自己的选民那一部分负责。

至于民享,中国自古就有这方面的政治文化,无须向民主援借理论。

最后就剩下民有了。民有本是天赋人权和契约论结合的产物,是资产阶级经济产权理论在政治上的投射。近代政治和古代政治最大的不同,就在于资产阶级以经济改造政治,使政治成为经济的集中反映。在资产阶级的商人思维中,他们本能地认为拥有政治产权才能拥有相应的政治收益权。于是为了实现"民享",必须要有一个"民有"理论的产权保障,这就是通常所说的人民主权学说。这一切背后的思维根基是私有产权制度。而中国的传统政治直接诉诸天下为公的政治理想,所以也就不需要什么主权学说来横生枝节。

西方的古代政治因为缺乏民享的要素，所以才有近代以来人民主权学说的"为民请命"。中国的传统政治以自己的方式早在周公时代就完成了"民享"任务，也就是民本思想。如果硬要套用一下西方的民主理论，我觉得中国的天下为公、民为邦本的思想可以概括为"天有、君治（君子之治）、民享"。

当然，中国传统政治在民意表达上确实存在制度渠道不足的缺陷，而这恰可以现代民主政治的议会制度和参与机制来弥补。尤其在对抗行政部门之官僚主义作风时，民主参与更有其必要性。

在我看来，西方人的毛病不在虚伪而在简单。与中国人之文胜质相比，西方人可以算作质胜文了，有时候我倒觉得他们质朴得有些可爱。但他们的文明思维太过质朴也就难免简约，蔽于一曲而暗于大理，得道之一体而遗其全貌。民主理论就是这种半通不通的学说，在解决某些问题的同时也在制造其他问题。这也就是我不愿以西方理论来切入问题思考的原因。那个理论的渊薮仿佛迷宫一般，枝节横生、云山雾罩，我只怕进得去就出不来了。或许这就是学问中的路径依赖吧。

六

关于民主的表述历来有两种，一种是纯学理上的，另一种是实践性的。学理性的表述应该以卢梭的直接民主最为彻底纯粹了，但这种民主缺乏可行性，所以只能束之高阁。实践性的表述则考虑了许多客观条件，所以又不得不在纯粹性上大打折扣，这也就是近代以来的代议民主。

在关于民主的讨论中，我发现大部分人都在混淆这两种民主的概念，针对现实民主的批判往往被转移成纯粹民主的理论思辨。就像密尔在其《代议制政府》中所做的辩护一样，先是以纯粹民主来否定君主专制政体的合理性，然后再以现实性把直接民主转化为代议民主，于是便证明了代议民主是最理想的政府形式。我觉得这种辩护是一种偷换概念。但现实中的资产阶级理论家们或是无知、或是故意混淆二者，以完成其巧舌如簧的民主辩护。

至于施特劳斯学派反民主的政治神学，在我看来恰恰暴露了西方思维的贫困。不是上帝统治就是人民统治，不是神主，就是民主，非此即彼，二元对立，缺少我所谓的"共和"智慧。

我之批判民主不是因为它是西方的，而是因为它是偏执的。换言之，我反对的不是民主之势，而是民主之理。中国传统政治只是人病，而西方的民主政治则是法病。我认为：民主与基督教有关，准确讲应该是和基督新教有关，从神权一元到民权一元乃是一神教的一贯思维，只不过这种继承是以反叛的方式实现的。

关于私有制还是公有制，我只是想借用经济学的概念来解说政治学命题。其实哪怕在经济学领域，中国也没有西方那种个人本位的私有制，后者是西方法权观念的产物，中华法系根本没有这种命题。我们的财产统称"家产"，即家族或家庭共有，是家族／家庭本位，而不是个人本位。再说政治上的"天下为公"，它既不是私有制的，也不是公有制的，而是超越于这种私有公有对立区分之上的一种形式。与西方政治的先有权后有责不同，中国政治是先有责后有权，权只是实现责的一种手段和工具，有其自身的规定性，所以不管权为谁所有并不重要，它是天下之公器。这一点钱穆先生在其《中国历代政治得失》中已经看到。

孟子说："无恒产而有恒心者，唯士为能。"中国儒家政治文化的伟大之处就在于它培养出这样一个士大夫群体，这是西方所没有的。新闻媒体无非是公论所在，儒家政治亦有公论风议，如子产的乡校、东汉的太学生、黄宗羲的学校议政，等等。

七

孟子讲：徒善不足以为政，徒法不足以自行。政治既需要制度以奠定基本的规范框架，又需要贤才的具体落实和操作，二者不可或缺。

不管是法治还是人治，都不是我们误解的那样各执一端。以我的理解，儒家的贤人政治就是"礼制＋贤才"的礼治组合。

近代的西方民主政治是以性恶论为人性基础来设计权力关系的，所以处处提防权力的滥用和腐败，即分权制衡的思想，这确实值得中国借鉴。但若把这作为唯一的原则却有所不妥。毕竟，把政治仅仅理解为小人在严苛监督下不敢为非作歹还是太过低级了。西方因为不相信人性，所以以制度为中心来组织政治，官员处于工具地位。但官员纵不能为恶，却也难为为善，因此自由主义才有守夜人政府之说。

但中国古人不相信什么政治逻辑的梦魇，对于人性有着更为乐观的认识。孟子的性善论在儒家思想中一直居于主流。所以，我们的政治是以人为中心来安排的。我们要造就的不是因为害怕监督而不敢做坏事的小人政客，而是有担当、有情怀、愿意为百姓造福的士大夫。这是我们三千年养成的政治文化，是我们民族的伟大遗产。这也是中国政治不同于西方政治的地方。

历史上我们政治的最大问题在于制度化不足，好的制度不能维持，于是发生种种变异。比如，汉代内朝官对外朝官的权力侵夺，皇权对于相权的不断挤压，等等。

这里还要强调一点，士大夫不是官僚阶级，其政治也不是官僚政治。官僚政治是以制度为中心、人被动应付、缺乏责任的机械政治，而士大夫政治首要的就在于积极的作为和责任的担当。

西方人这种对个人自由的珍视在我看来已经到了近乎敏感的程度。我觉得这是西方自身历史的结果。借用毛泽东的一句话，哪里有压迫哪里就有反抗。自由主义便是这种历史反动的偏激结果，而不是平和的普世共法。

中国古人并不在"自由－专制""主－奴"这样一套思维层面来思考人的问题。这就像一个穷人家的孩子老觉得吃饱肚子才是最重要的事情，而另一个锦衣玉食、钟鼎之家的少爷脑子里想的则是琴棋书画、诗书礼乐。西方的历史经验决定了其问题域的层次。就人而言，难道自由就是最终的追求了么？老是在一个自我的小腔子里翻滚，能有多大的出息和境界呢？哪怕其哲学论述再精密艰深，也不过是泥足小道罢了。相比而言，中国思想对人的引导要开阔辽远得多。

欧美民主人权，虽然其内部或差强人意，但民主与人权却成为其对外执行帝国主义政策的最好掩饰，用所谓的民意和正义为之加持。这种披着文明外衣的现代野蛮比那种非洲的蛮族更为恐怖。而且西方文明自以为是的傲慢直接导致文明冲突的危机，这或许将成为中世纪宗教战争的现代升级版。恰恰是这群文明的西方人，最容不得异己文明的平等对话，习惯于以自己的标准衡量一切。这样的西方又如何可能与我们和平相处、平等交流呢？他们又哪里深合孔孟之道呢？霸道与王道岂可同日而语？

自由与自知

时光荏苒，革故鼎新，人类社会在川流不息的历史长河中不断流变着。作为表征一个时代之思想的词语概念，其含义亦经受着历史洪流的冲刷，或益或损。自由便是这样一个颇具歧义性的概念。从古典自由主义到自由至上主义再到新自由主义，从洛克、霍布斯到卢梭、黑格尔再到哈耶克、罗尔斯，对于"自由"一词的理解虽不至于千差万别，但却并不完全相同。

或许正是由于"自由"这个词本身含义的复杂性，于是有许多人都通过添加限定词的方式，对自由的概念加以分类，希望使自由的含义得到澄清。如贡斯当对古代人的自由和现代人的自由的区分①，以赛亚·伯林对消极自由和积极自由的界定②，洪涛对"生存论"自由和"空间论"自由的辨别③。贡斯当认为，古代人的自由主要是政治自由，而现代人的自由主要是个人（私人）自由。造成这种含义变迁的原因是古希腊城邦国家与现代民族国家的根本不同。伯林的论述便是受到了贡斯当的启发，可以说他们的两种自由概念一脉相承。基于此，本文主要介绍伯林与洪涛的两种自由

---

① 贡斯当. 古代人的自由与现代人的自由之比较 [G]// 公共论丛（第四辑）. 北京：读书·生活·新知三联书店，1998.

② 伯林. 两种自由概念 [G]// 公共论丛（第一辑、第二辑）. 北京：读书·生活·新知三联书店，1995、1996. 本文中引述伯林的文字皆出自这篇文章，各处引文不再一一标出。

③ 洪涛. 生存论与空间论——"自由"义释 [G]// 李伟国. 辞海新知（第一辑）. 上海：上海辞书出版社，1999. 本文中引述洪涛的文字皆出自这篇文章，各处引文不再一一标出。

论，而对伯林的两种自由概念的介绍将结合查尔斯·泰勒对伯林的
批判。

一

伯林从其价值多元论的基本理念出发，认为消极自由是指人摆
脱外部障碍的状态，即我能做什么的自由，这一点与哈耶克的免于
被强制的自由观颇为相似；而积极自由则是我要做什么的自由。用查
尔斯·泰勒的话说就是："消极自由理论试图通过个体从他人中独立
这个角度来定义自由；积极自由理论则想从集体自我统治的角度来理
解自由。"① 伯林从自身的经历出发，认为积极自由很容易导致极权主
义的灾难，从而威胁个人自由。所以，他在《两种自由概念》中提
倡消极自由而否弃积极自由。泰勒在《消极自由有什么错》一文中
批判了这种两分法，认为首先这两个概念本身便是含混的。他以机
会概念和操作概念来解读伯林的两种自由。按照伯林的定义，消极
自由只是一个机会概念，而积极自由则是一个操作概念。但泰勒指出，
实际上消极自由也不单纯是一个机会概念，它同时也含有操作的成
分。因为个人之自由不光面临外在障碍，同时也存在内在障碍，如
无知无识、虚假意识、压抑等，而这一点恰是伯林所忽视的。由于
内在障碍的存在，就需要对自由的动机进行鉴别。但这一鉴别由谁
来做呢？个人自己吗？但"作为主体的人不可能是判断他自己是否
自由的最终依据；因为对于他自己的愿望是否是真正的愿望、他的愿
望是否妨碍他的动机这些问题，他无法作为最终的权威"。那么，是
否需要外在的对于主体的评论指点？泰勒的回答是否定的。他认为：
"由于人类的多样性和独特性，在原则上社会权威无法提供任何有效
的指导，而且这种指导的企图还会破坏自由的其他必需条件。"在这

---

① 查尔斯·泰勒. 消极自由有什么错［G］//达巍,等. 消极自由有什么错. 北京:
文化艺术出版社, 2001：70. 本文中引述泰勒的文字皆出自这篇文章，各处引文不再
一一标出。

一点上，泰勒实际上认同伯林的价值多元论和对于极权主义的担忧。既不能自我判断又不能由外部评价指点，那么出路何在呢？很可惜泰勒没有给出一个满意的答案，他只是又回到了伯林的消极自由那里，自相矛盾地承认："判断一个人的自由是什么的最终权威仍然是主体自己，这个问题不能由外部权威来评点。"这便要主体必须已经具有某种自我观察和自我理解的条件，于是操作概念便介入了，"我再也不能把自由仅仅理解为一种机会概念"。

泰勒以"自由的内在障碍"为切入点对伯林的消极自由概念加以批评确实是击中了要害，但泰勒所指摘的消极自由中含有的操作概念与伯林的积极自由所意指的操作概念其实是不同的。伯林对于积极自由的担心主要在于"经验之我"被"真实之我"所逼迫，而"真实之我"又外化为某种"超个人的"（super-personal）的东西，如国家、阶级、民族、历史的迈进等。它们以"真实之我"的名义要求"经验之我"的屈从，在追求自由的语言表述之下发生极权主义的社会现实。正如泰勒自己表述的，积极自由"认为自己至少是部分地涉及集体的自我统治的这种观点实际上是一种操作概念"。可见，这里的操作是指集体性的操作，也即政治操作。而对于消极自由，"在有机会的条件下，包括自我实现概念的自由理论就要求我已经在操作自由"。联系泰勒后文中的论述，我们会发现，这里所谓的"自我实现"操作其实是个人化的操作，也就是对于自由之动机的自我鉴别，它与积极自由的集体化操作是有明显区别的。这种个人化操作是隐遁在机会概念之后的，在这个意义上泰勒对伯林的批判又显得不完全贴切。这其实关涉一个更基本的问题：操作意义上的自由是否能够个人化？

"康德确曾继卢梭之后主张说：'自我导向'应是每一个人都具有的能力；道德上的事情，应该没有所谓'专家'之类的人，因为道德并不是某种特殊的知识，并不是如功利主义者与启蒙运动中一些'哲士'所主张的那样，而是普遍的人类潜能之正确运用而已。因此，使人类获得自由的途径，并不是要按某种能改善自己的方式去行动，这一点是可以被强制做到的，但并不是自由的要谛；重点在于，人们了解，为何他们必须这样做？而这一点，是任何人无法代替任何人去做的。"从伯林的这段话中我们可以看出，他认为作为操作意义上之自由的道德追求本来就应该是个人性的。这与以往的理性主义者的"自我实现"含义有着根本的差异。

伯林的消极自由观是建立在批判理性主义对人的形而上学的定义之上的。理性主义先验地预设了自我的分裂交战状态，将人格一分为二，其一是先验的、支配的控制者，即"真实之我"；另一则是需要加以纪律、加以约束的一堆经验界的欲望与激情，即"经验之我"。而自由便是由"经验之我"到"真实之我"的自我导向。自我导向的欲望在历史上表现为"自我解脱"和"自我实现"两种形式。"退隐于内心的碉堡中"的自我解脱者，如禁欲主义者、寂静主义者、斯多噶派、佛门圣徒等，把自由理解为自制或自律。但在伯林看来，禁欲式的克己苦修，或许是正直、宁静与精神力量的来源，却很难被视为"自由的扩张"（enlargement of liberty）。相反，它其实是对自由的内在限制。

而"自我实现"的神话，其结果是对自由的外在迫害。这从理性主义的一系列假设便可看出。他们假设：第一，每个人都有一个真正的目的，而且只有一个真正的目的，此即理性的"自我导向"。第二，所有理性的人，其目的都必然会合于某种独一无二的、普遍而和谐的模式，而某些人则比其他人更具有察觉这种模式的能力。第三，所有的冲突，也就是所有的悲剧，都是由于个人或团体生活中，非理性或未完全合乎理性的因素，也即生命中不成熟或未发展完全的因素和理智互相冲突所引起的；这些冲突在原则上是可以避免的，而它们也不可能发生在绝对具有理性的人身上。第四，也即最后一点：当我们使所有的人都成为具有理性的人之时，他们就会遵从自己天性中的理性法则，而这法则在每一个有理性的人的心中都是一样的；同时，人类也因此能够绝对而完全地获得资本，并绝对而完全地遵守法律。这就是两千余年来，苏格拉底以及追随他而缔造了西方主要伦理与政治传统的人大体的论点。于是，"在这种情形下，理性主义者的说辞，因为假定了'单一而真正的解决之道'存在，一步一步地从主张'个人责任'与'个人自我追求完美'的伦理学说，转变成一种主张服从于某些类似柏拉图式守护者的'精英分子'（elite）指示的集权国家（authoritarian state）学说"。

联系伯林的价值多元主义主张，我们可以看出，伯林所担心的是专制主义假借自我实现之名大行其道。他所反对的并不是对于自我实现之类的先验性预设，而是理性主义的削足适履的强制性统一规划。在这个问题上，泰勒一针见血地指出：其实伯林与我们一样珍视自我实现，一样因为想要自我实现而珍视自由，"他们只是因为害怕极权主义的威胁才把这块领土放弃给敌人的"。但泰勒的这种"战略性的原因"分析其实忽视了他与伯林在集体化操作和个人化操作之间根本的认识分歧。

二

奈特（Frank Knight）在其经典论著《竞争的伦理》中曾严厉警告所有经济学家："最大的谬误莫过于把自由和自由竞争混为一谈。"（No error is more egregious than that of confounding freedom with free competition）也许正是出于对这种状况的担忧，洪涛提出了"生存论"自由与"空间论"自由的区分。"生存论"自由，直白的表述就是吃饱肚子、活下去的自由，即经验层面的生存。霍布斯以比较文雅的方式表述为："一个人按照自己所愿意的方式运用自己的力量保全自己的天性——也就是保全自己的生命——的自由。"但这种经验层面的生存往往把人降低，人成为单向度的人，仅有物质的欲望，反映在理论上便是当代以"权利"话语为中心的自由主义理论。但是，"在前近代，亦即在古代世界语中世纪，'自由'始终意味着一个关于人的本质状态：提升于经验世界之上"。本源的自由概念，也即"空间论"自由，是"人类对于本源传统的每一次创造性的再读"。这种通过"读"而使空间展开的活动，便是人的自由活动。"自由来源于人的历史性，所谓历史性就是人本质的开创性力量。"文章最后，作者发出了不合时宜的，但却是真诚的声音："在今日，欲伸自由，首当其冲者在于古典人文主义的复兴（而不是一个市民社会的出现）。欲复兴古典之人文主义传统，首要者在于教育，但不是面向市场的那种实用教育，而是面向起源的古典教育。"

　　要求社会复兴古典教育，这看似好像伯林之积极自由的概念，那么它无疑属于集体自我统治的操作概念。而实际上，这种教育对于作为"读"者的个人而言，是一种个人化的操作，因为自由的展现关键还在于个人的"再读"之中。它所要求的只是社会为个人提供"读"的机会。这与伯林的消极自由本质上是一致的。洪涛唯一可能被人诟病的地方是他对人之本质的预设，即在对历史传统之"再读"中自我的提升。或许有人会举出海德格尔对西方形而上学传统的批判来证明，这种对人的本质的先验规定、所有的自我实现之类的观点不过是形而上学的糟粕。但需要指出的是，对于人生而言，这种形而上学的先验预设确是必不可少的。正如伏尔泰所说，没有上帝也要创造出一个上帝。现代人不能因为面对诸神之争的困境而取消人的价值追求。相反，正是由于人类有所追求，才会处于价值冲突的痛苦抉择之间。对西方理性主义传统的反思并不是要走向价值虚无主义，那样人类只能困守于生存论自由的斗筲境遇。正如伯林对一元和多元的区分，我们所要反对的只是对于人之本质的单一的普遍主义的形而上学规定，而不是规定本身。

　　伯林的消极自由与积极自由，主要是从实现自由之方式（个人化操作还是集体化操作）来划分的，而洪涛的生存论自由与空间论自由更像是从自由之内容（自我保存与自我提升）上来做区别的。但其实，正如上文的分析，这两种划分有其内在的共通性，只是所针对的问题不同。伯林的担心在于积极自由成为极权主义的根源，洪涛的忧虑则在于生存论自由麻痹了人的本质。从伯林的阐述及他人对伯林观点的辩驳中我们可以发现，所谓消极自由与政治自由基本上是一致的。伯林对于机会概念的强调和对于个人操作概念的语焉不详，往往使人在抛弃积极自由的集体化操作的同时抛弃了个人化的操作。生存论自由大行其道而空间论自由的萎缩，或许正和对消极自由的这种消极理解有极大的关联。同样，洪涛的空间论自由由于其个人化操作含义可能会被混同于积极自由的集体性操作，亦将遭到消极自由主义者的反对。于是，看起来伯林与洪涛所持的观点好像是正好相反了。

三

明明具有内在的共通性，怎么到最后却成了相反的观点？难道对自由的理解总是要处于这种不可调和的矛盾之中吗？其实与其说这是对自由之理解上的矛盾，不如说这是由于语词上的含混性所造成的误解。这种含混在于对"自由"这个词本身性质的混淆不清，即我们把完全不同性质的两类含义加到了同一个词之上。很显然，我们通常所讲的自由概念，既是一个政治概念，又是一个道德概念。而从伯林的阐述中，我们可以明显看出这样一种努力：把"自由"一词仅仅限定在政治领域，不要以对道德意义上之自由的追求来破坏政治上的自由。这也正是后来罗尔斯在他的《政治自由主义》中所要达到的目的，但它遭到了从两种性质上来定义自由的人的如下批判："所谓当代自由主义的政治自由观念，并没有充分考虑到道德实践的复杂性以及道德资源问题。"① 从这种论调中，我们似乎可以听出这样一种意味：道德之实践需要政治的安排或帮助。但这恰恰是伯林所要否弃的那种积极自由。其实，自从马基雅维利道破了现代政治的全部秘密之后，霍布斯便已明确地把政治和道德区分开来。现代社会工具理性的政治表现便是权力的统治。或许现代的政府也提倡节俭，但那不过是为了积累资本；它也提倡守时，但那是因为时间就

---

① 　舒炜．"两种自由概念"与"竞技的公民自由观"[G]// 达巍,等．消极自由有什么错．北京：文化艺术出版社，2001：4.

是金钱；它也提倡信用，但那不过是为了提高自己在银行的贷款信誉。这一切统统与道德无干，所呈现的不过是工具理性的多种面目。所以，要明晰自由这一概念的最好办法便是拆散聚集在它身上的政治与道德的纠缠，恺撒的归恺撒，上帝的归上帝。

根据性质的不同，我把原来意义上的"自由"拆分为"自由"与"自知"两个概念。前者是一个社会机会概念；后者是一个个人操作概念。这样的区分得益于孔子的名言："民可使由之，不可使知之。"（《论语·泰伯》）"由"也就是随顺的意思，"知"即了解。自由便是随其然而然，自我随顺，也就是哈耶克所讲的免于被强制；自知是知其所以然而然，自我了解，追求的是道德上的自我提升，类似于洪涛的空间论自由。

严复当年在移译密尔的《论自由》一书时，对"liberty"一词的翻译借用了柳宗元诗中的一个词"自由"①。从柳诗中"自由"一词的意指，并联系密尔对自由的理解，我们可以发现，自由就是自我随顺、免于被强制的意思。这种自由仅仅是一个政治概念，强调个人之权利，也就是罗尔斯作为公平之正义的那种自由主义，那种权利先于善的自由主义。与之相应，不论是积极自由的自我实现，还是空间论自由对历史传统的"再读"，其实都是一个自知的过程。在古希腊神庙的门楣上刻着这样一句铭言："认识你自己。"中国的古圣先贤亦曾有言："知人者智，自知者明。"从孔子"由"与"知"的对照中，我们可以看出自知所具有的道德意味，但自知并不等于"知自"。自知是主谓结构，"自"是主词，而非宾词。"知自"只是了解自己，而自知则要了解自己、人类、社会和自然。并且，因为自己是人群之中的一员，而人是社会中的人，是自然中的人，所以只有从自然、社会、人类的角度才能对自己有通识的了解。这与马克思对人的本质在其现实性上是一切社会关系的总和的

① 柳宗元的诗《酬曹御史过象县见寄》："破额山前碧玉流，骚人遥住木兰舟。春风无限潇湘意，欲采蘋花不自由。"公共论丛（第四辑）[M]. 北京：生活·读书·新知三联书店，1998：1.

认识也是一致的。

自由是人的天赋权利，自知是人对自身之超越的不懈追求。前者属于形下的器层面，即政治范畴；后者属于形上的道层面，即道德范畴。自由与自知截然分属于两个不同的范畴，两者在各自的意义范畴内所遵行的原则也是完全不同的，甚至可以说截然相反。以前以"自由"一词来统含两种意指，其结果便是以为它们遵行同一套原则，所以导致了争论不休的混淆。下面我将分别介绍一下自由与自知的理念根源。

四

作为政治语汇，自由的核心概念是权利，也即人权。它的基本内容是利益分配，它的基本目的是个人之自我保存。[①] 它所遵行的基本原则是平等，这种平等理念的哲学根基是个人主义。[②] 正如康德所说，没有一个人可以被合法地用来当作实现另一个人目的的手段。在政治领域内，每个人本身便是目的。因为，存在先于本质。政治所要解决的问题便是人类如何生存及更好地生存的问题，政治不涉及人的提升或对人的本质之自我实现等问题：那是道德领域的追求，是自知所要面对的问题 [③]。在政治领域内不可以人之本质的预设来评判每个人是否应该拥有平等的自由权利。他（她）被生下来，是作为人降生到这个世界，而不是其他生物样式，这种天生的自然类属性便已无可辩驳地赋予了他（她）平等的自由权利。平等根源于这种人格的普遍性。正如约翰·格雷所言："人的身份主要是归属性的

① 这里的保存指个人的生存权,它包括个人追求幸福的权利,但不包含道德上的自我提升。

② 刘庚子,杨百成. 两种传统,一个故事——略论西方政治传统中的个人主义 [G]// 公共论丛（第四辑）. 北京：读书·生活·新知三联书店，1998；钱满素. 爱默生和中国——对个人主义的反思 [M]. 北京：读书·生活·新知三联书店，1996.

③ 之所以要做如此绝对的划分,是因为对于个人而言,生命的保存是人生的必须前提, 是必要条件。个人面对社会的政治安排不可以退出, 作为机会概念的自由只能是集体性安排的结果。与之相反, 我却坚信道德提升的自知应是个人性的操作, 绝不可以实行集体性安排。这一点可见后文对于自知的阐述。

(ascriptive)，而不是选择性的（elective）。"[1] 因为这种归属性是天生的，所以平等的自由权利也是生而有之的。正所谓"人人生而平等"，中国古代亦有"天生烝民"之说。平等要求平权，每个人都应具有同样的机会。政治正义的原则便在于消灭任何机会的不平等，而平等原则下的权利概念便成为防范对个人之不平等侵犯的强大堡垒。罗尔斯所言的作为公平的正义应是自由所追求的目标。

自由所针对的是人的保存问题，而自知面临的则是人的提升问题。人为什么要提升呢？这是不是对人之本质的某种形而上学的先验预设呢？尽管前文曾提到泰勒对反形而上学者的战略原因的揣测说明了这种预设的必要性，但我们还是要指出，这种提升论与其说是先验的本质论预设，不如说是经验的人类历史的基本共识。梁漱溟先生以为，人人皆有向上之心。西方思想史上古希腊的爱智慧之学、中世界的基督教神学以及近代从古典自由主义到自由至上主义的发展无不表明西方人同样在追寻人的自我超越。在这个价值多元（诸神之争）的时代，承认人有自我向上提升的内在要求要比就人的本质究竟是什么更容易达成共识。也正是由于不同的民族、文化、地域、国家、人种之间的价值理念具有不可通约性[2]，所以，我们对于提升的目标是什么并未做出普遍性的规定。但相信随着个人修持的不断进步，这一模糊的远景将愈来愈清晰可见。或许那本来就是个不可道的境界，只有亲身于其中实践进取的人才能慢慢体悟出其中的真滋味。而体悟之先的任何语言释义上的争辩都是干瘪的无聊口角，就好像两个都未吃过梨子的人，却在那里拼命争论梨子的口感味道如何一样。

自知与自由其所指称的范畴殊异，源自两者之立论根基的不同。

---

① ［英］约翰·格雷. 自由正义的两张面孔［M］. 顾爱彬，李瑞华，译. 南京：江苏人民出版社，2002：124.

② ［英］约翰·格雷. 自由正义的两张面孔［M］. 顾爱彬，李瑞华，译. 南京：江苏人民出版社，2002：36. 格雷在书中举出了不可通约的价值观念产生的三种方式：首先，不可通约的善产生于在各种特殊文化中支配道德生活的那些准则；其次，当同样的善在不同的文化中得到不同的解释时，就能产生不可通约的价值观念；最后，当不同的善和美德在不同的文化中受到推崇时，就会产生不同的价值观念。

自由以"存在先于本质"为其哲学基础，通过自然天生的同一性人格推导出个人主义之平等原则，继而形成以"权利"话语为核心的自由理论。道德范畴则不然，因为它所面对的题目已不是生命的保存而是生命的提升。若借用泰勒的用语可以表述为，政治范畴之自由概念用以克服外在之障碍，其方式就是通过民主与法治的制度架构，通过对个人权利的保障以实现作为公平之正义。而道德领域的自知所要克服的则是人的内在障碍，其实现方式正如洪涛所讲，是对历史传统的"再读"，是对圣贤之教诲的体悟。其在人类历史上的社会化形式便是教育，但它是通才式的古典教育，而非技术性的实用教育；它是智慧之学，而非知识之术。

在生存问题上，由于它建构在人之自然性、生物性的共同性之上，所以在政治领域很多东西是通约的（如对人格的等质性同一认定），而这种通约性正好导出平等这一通约化的原则。与之相反，在道德提升的问题上，不可通约的个人特殊性成为基本的经验前提，自知便是每个人发展自我个性的过程。正如爱默生的超验主义个人主义所主张的，个性便是一个人的价值所在。[①] 但个性并不表现为个人在自知过程中的单干独闯，毕竟教育有它的历史传承性，这种传承一是通过文字的再读，二是通过老师的言传身教、朋友的切磋共进。个性不等于一个人的自以为是、刚愎自用，也不等于一个人的子身自求。它是在社会群体交互关系的学习中，亦即人与人的彼此促进与提携中得以实现的。

五

提到教育，我们不得不面对这样一个经验事实：人的学习能力具有后天的差异性，更确切地说是差等性，我们不能因为承认人格之平等而否定这种能力的差等。以前由于政治与道德两个领域不分，

---

① 钱满素. 爱默生和中国——随个人主义的反思 [M]. 北京：生活·读书·新知三联书店，1996：209.

所以要么以人格之平等而否弃能力之差等，要么以能力之差等否弃人格之平等，以为二者非此即彼、不可得兼。殊不知，这一混淆完全是由于人类意图以一个原则来统驭性质不同的一切领域的整体化思维所致。以为诸善之间相容融贯、任何事理都可以化约于一种体系的意图已经被证明是失败的，我们必须面对不同领域的、不同的善。其实，在儒家先贤那里，孔子早已明确讲过人的能力有四等之说。在《论语·季氏》中，孔子说："生而知之者，上也；学而知之者，次也；困而后学，又其次也；困而不学，民斯为下矣。"同样，荀子认为："故圣人之所以同于众，其不异于众者，性也；所以异而过众者，伪也。"①（《荀子·性恶》）所以，"有圣人之知者，有士君子之知者，有小人之知者，有役夫之知者"。"故圣人者，人之所积而致矣。"（《荀子·性恶》）在自由理念里，由人格之同一性导出平等原则、导出权利之平等；而在自知理念里，由能力之差异性导出差异原则、导出礼的等级秩序。当然，这一礼的等级秩序由于属于道德范畴而非政治范畴，所以它的等级是指德行的高下，而非权位的轻重。而且，礼的等级作为智慧的差等而非权力的差等，是流动的链条而非封闭的架构。

之所以要强调这种差等的先天性，在于希图避免将政治中的平等原则移植到道德领域中来。一个善的东西，超越了它的范畴就可能是不善的根源。如在平等原则下，大多数永远是中等及斗筲之民，平等原则在教育方面的超领域滥用导致的结果不仅是礼的等级秩序的破坏，而且是无知对智慧的野蛮暴政，而这将完全破坏个人在道德上的自我提升。而且，单是平等原则造成的心态效应便足以使庸众在自己本来的位置上心安理得地自以为是，理直气壮地拒斥自我的提升，这便阻碍了个人在自知之途上进步的可能性。所以在道德范畴内，在人的自知活动中，平等绝不是正义的原则，只有差等的礼的秩序才是适宜的规范。平等从来都是存在于广场之上，而不是课堂之上。

---

① 在本篇中，荀子区分了性伪："不可学、不可事而在人者谓之性；可学而能，可事而成之在人者谓之伪。是性伪之分也。"

政治领域的平等原则与道德领域的差等原则看似矛盾，实则相辅相成。以差等秩序下的恭敬之心克服平等境遇下的无知之狂妄，可解洪涛的空间论自由之忧虑；以平等状态下的权利观念防备假礼义之名的权力专制，可解伯林的积极自由之担心。对于由后天原因所造成的差等性，如甲比乙的认知深刻是因为甲与乙所受教育之不同，这种差异的原因在于政治领域，那么便需要按照政治平等原则来解决。这便是作为自由权利之一的同等的受教育机会。

教育过程其实分布在政治与道德两个领域，两者是顺承的关系，但性质根本不同。为了加以区分，我将政治领域的知识传授称为教育，而把道德领域的智慧探求称为学习。作为教育的知识传授，主要目的是使个人具备自知追求中所必备的知识能力，如语言、文字，对历史上已有思想的了解等。正如韦伯在《以学术为业》的演讲中所谈到的，课堂不是广场，老师也不是政治煽动家，教育的任务是使学生具备清明的头脑，它要求知识传授中的价值中立，而判断和选择的事则要由每个人自己去抉择。所以，教育绝不可以是任何意识形态的灌输，而应保证知识传授最大限度的科学性与纯粹性。这也是政治领域中对自由之追求的内在要求。因为任何单一倾向的教育都将导致对个人知识上的强制压抑，这违背了自由原则。

学习与教育不仅内容不同，形式上亦有很大的差异。由于资质、年龄的差异，在学习中，每个人的自知程度不同，有先进者，有后进者。按照差等原则，学习的模式便是由先进者引导、帮助后进者。这就是老师与学生的关系。但先进者是否有权以自知的名义逼迫后进者必须要依从自己的那一套学习方式和结论呢？就像法国大革命中雅各宾派所宣称的，谁不自由便要强迫他自由？这当然不可以，但也不必为此担心。西方历史上之所以会发生强迫个人自由的悖谬，其根本原因在于理性主义对于个人自由的普遍主义理解最终走向了以理杀人的理性主体论，这与程朱理学最终走向道学主体论有相似之处。

其实，不论是孔子的人分四等说还是唯识宗的五种性说，他们都不认为每一个人都可以达到最终的自知。如孔子说："唯上智与下愚不移。"（《论语·阳货》）"困而不学，民斯为下矣。"孔子没有理性主义那种狂热的目的论追求，所以孔子的教育思想是："不愤不启，不悱不发。举一隅不以三隅反，则不复也。"（《论语·述而》）同样，唯识宗也没有地藏菩萨那种不渡尽众生誓不成佛的宏愿。中国民间有句俗语：师傅领进门，修行在个人。自知即是这样一种个人化的操作，别人只是起一种引导的作用。对于自知的先进者而言，由于政治领域自由权利的边界性保护，不知不觉者仅限于自我的不知不觉，而不会影响他人的自我提升。况且无知对他们已是最严重的惩罚，至于消灭其生存或剥夺其自由权利都是超越道德范畴的越雷池之举。从自由的角度来看，个人有"无知地生存"的权利。一个所谓真正的先知先觉者，是以觉他的大慈悲心去帮助别人，而这帮助的实现所依靠的正是其已觉的大智慧，依赖于其以身作则、率先垂范的伟大人格魅力。而任何希图借助权力以屈人从己的方法来逼迫别人提升的人实际上是混淆了政治与道德两个不同的领域①，混用了平等与差等两种不同的行为原则，同时也暴露了其自知程度的未完满状况。

此外，孔子主张和而不同。按照史伯的解释，以他平他是谓和，以同裨同是谓同。对于个人之自知而言，提升是共相，而如何提升、提升到何处是殊相。有的人信佛，信神，信安拉；有的人追求苏格拉底、柏拉图；有的人则宪章文武，宗师仲尼。千花同放、百舸争流是道德领域自知之路上必然的多元气象。孔子讲："攻乎异端，斯害也已。"（《论语·为政》）只要我们抛弃理性主义者那种绝对的普遍主义倾向，道德领域的差等原则就不会导致对个人的压迫与强制。

自由作为一个政治概念，它的核心内容是平等权利。通过民主制度的建构，它为个人的自知追求展开了一个活动的公共空间。可以说，

---

① 政治领域实行法治原则，一切以法律为准绳；而道德领域则实行以理服人的原则，以辩论为方法。政治领域的诸事一般求助于法律的规定，道德领域则求助于本心的合情合理。所以政治领域主张遵从法律，讲究法律的普适性和同一性；而道德领域主张认同本心，讲究人同此心、心同此理。

自由是自知的必要条件。自知便是建立在这一机会概念基础之上的、对个人自我超越的追求。对于完整的人生而言，自由与自知一个都不能少。

俗话说：到什么山上唱什么歌儿。不论是善还是正义都有其自身的边界性，不做区分地一锅煮只能造成语义所指的不清和无法解决的自相矛盾。明晰地区分自由与自知这两个概念，分清它们所指涉的不同领域，有助于我们从词语的含混性中摆脱出来。

自由主义批判

自由主义其实是一个听起来很美的谎言。它伸张的是意志的自由，摧毁的却是道德的律令。

在我看来，自由主义最应该受到指责的地方不在于它自己已经指出的缺陷，而恰恰在于其理想本身，强调自身设计的不完美不过是自由主义丢车保帅的一个策略而已。自由主义在理念上最致命的一个错误就在于它为了反对中世纪宗教的思想禁锢而偏执地宣扬意志自由，而且将其视为不可商量的绝对价值。

其实思想禁锢与意志自由是一个东西的两极，谁也不比谁更正确。自由主义的表述或许是普遍主义的，但不得不承认，它的产生和内容却是历史的和特殊的。自由主义反映了西方人在基督教的思想禁锢下对无拘无束的个人思考的渴望，有其时空合理性。但它把一个历史的、西方的问题放大为一个永恒的、世界性的问题，这就犯了普遍主义共有的错误。

配合着资本主义的推进，所谓的意志自由不过是要将欲望从理性的规范下解放出来，冲破一切神圣价值的道德规约，为物质消费主义的大行其道而推波助澜。这再一次证明，任何思想，一旦超出其所产生的时空环境，进行普遍化的扩张，总是会扭曲自己，误尽苍生。

要判定自由主义的高低，先要判定它所推崇的意志自由的价值高低。中国儒家从来不认为意志自由是一个值得推崇的最高价值。恰恰相反，在人生的境界追求上，儒家更为强调克己复礼，即节制个人的自由意志，这才是一个君子的修身追求。作为社会精英的儒家士大夫追求的就是要更上一层楼——节制自我，参天赞地。

自由主义一直把自由与强制作为一组对立的范畴，仿佛离开自由主义，人类便要再次堕入强制的深渊，这实在是过于自负了。我们既不要没有自由的强制，也不要毫无约束的自由，我们有更高的追求——即超越二者。而只有在道德的境界里，我们才能摆脱这种简单幼稚的二元对立。与天地上下同流的道德，让我们既自由活泼，又契合天道；既成就了自我，又赞化了他人。

不过这是中国人所理解的道德，而不是康德的道德。康德的道德是冷冰冰的，中国的道德是热乎乎的；康德的道德是和审美分离的，中国的道德却是与审美合一的；康德的道德还是一种理性的范畴，中国的道德则接通天、地、人三才，浑然不可以名理分析。

从精神控制到意志自由是第一阶段，也就是西方人所走过的历史；而从意志自由到克己复礼是第二阶段，这正是我们祖先的发明。今之知识分子，自小多受西学之熏染，渐次养成西方知识分子的个性，于是易为自由主义所打动诱惑，对本民族的思想反倒不甚了了。

如果说自由主义在它产生的时候还具有其时空合理性，那么今天，当它成为一种强势的意识形态之时，就成为另一种精神禁锢。它不能为人之生活提供坚实的安身立命的基础，却又排斥其他所谓整全性的道德论述。它把人一个一个地打散，孤零零地悬挂在半空，上不沾天，下不落地，只得忍受价值虚无主义的烈火炙烤，任由自己在物质消费主义的兽性冲动中迷茫、疯狂。自由主义，听起来很美，实行起来却很残酷。

当然，由于中世纪的历史和近代以来极权主义的登峰造极，自由在现代社会依旧有其警示作用，只是我们不应该再继续宣扬其至高的价值。自由主义从人类的价值序列上看，其实并不很高。今天我们对待它的态度是积极吸收其历史性、特殊性的价值，而坚决反对其永恒性、普遍性的追求。我们可以保留其"自由"，但绝对要抛弃其"主义"。只有这样，我们才能跳出自由主义的狭隘藩篱，为人类开辟更高的生存天地。

而我们自己也要跳出知识分子的小我，不要老在个人意志的小笼子里自怨自艾、对影独怜。君子何以不忧？仁心广大，毋我爱人而已。老子也曾言："圣人无常心，以百姓之心为心"；"吾所以有大患，为吾有身，及吾无身，吾有何患？"乾德刚健，天地生生，幽冥独坐，枯寂无情，起身破门，晴日方好，风光月霁，大化流行。

相形之下，自由主义只能算是一种小人的小算计、小心眼、小格局，既不能保护人，更不足以提升人。小固然有小的巧妙，但一直局促在小里面，终究不能餍足君子之心。

自由主义与国家主义

一

　　自由主义是自私的，是病态的，而且常常是律他的，我很同意。其实，哪怕是最纯洁的自由主义恐怕也不能避免它最大的毛病——自身的羸弱。自由主义试图把自我和他人切割得干干净净、清清楚楚，它们把他者视为地狱，总是持一种防卫、排斥的坚决态度，仿佛只有推开了他者，才能保持自我的独立。但独立又能怎样呢？独立同时是一种孤立。可人生需要朋友，需要爱，需要关怀，需要帮助，需要人伦的亲密温存，需要团体的休戚与共。就像康德美学所指出的那样，我们既需要优美，也需要崇高。但光秃秃的个人哪一样也不能给我们。孤悬在群体之外的个人虽然可以避免他者的伤害，但也同时失去了同志和朋友的呵护与慰藉。人不可能长久地忍受孤独，而这正是自由主义的致命缺陷。

　　国家满足了我们对共同体的渴望，但它太大了，很容易摆脱个人的缰绳，成为不可驯服的猛兽，而且常常被某些野心家所操弄，成就"不以为病者"的律他症，让他们紧盯住别人，却遗忘了自我。个体的善良在集体的狂躁中淹没了。国家呀国家，世间多少罪恶假汝之名以行！

　　自由主义和国家主义表面看似对立，实则有着一个共同的特征，那就是对于他者的反对，只不过前者的出发点是个人，而后者的出发点是国家。不论是自由主义所批判的强制性外力,还是国家主义所控诉的帝国主义的压迫和侵略,背后都隐含不以为病者不知反省的律他思维。一旦离开了他者的对立,个人或者国家都将失去对于自我的确证。在这里,他者成为自我的边界,他者沦为确证自我的工具。恰恰是在对他者的批判与反抗中,自我获得了自身本质的力量呈现。于是,黑格尔的主奴辩证法成为无法回避的二律背反。

他者有两种,一种是对手,另一种是对象。对于对手,即便不能消灭之,至少也得时刻提防。这便是西方政治中的"敌-友"思维。例如国家,正是以战胜敌人来证明自身的强大。至于对象,比之对手的地位就更为低下了。对手尚且是对等的主体,而对象不过是卑贱的客体。一堆无生命的凌乱的材料,正等待着主体给予它任何可能的形式。于是从黑格尔开始,对象化的活动成为人类本质力量的物化显现,征服自然、宰制万物也顺理成章地铺就了人类实现自我的"光明大道"。

不论对手还是对象,主体还是客体,人还是物,都不过是一面印证"自我"的镜子。但正像柏拉图的洞穴隐喻所揭示的那样,那镜中的形象可否真实?留下的印记到底是自我的正面还是反面?在人与人的隔离、人对物的加工中,我们到底是印证了自我还是背叛了自我?这并非一个不言自明的问题。

左右不搭,两边无靠,那我们能否有一条中庸之路前行?

自由主义和国家主义共同信奉一个东西,那就是自我主义。自我与他者是针锋相对的两极,故彼此之间只有斗争而无妥协,只有胜败而无共赢。儒家追求的则是自我与他者之间的和解与共生,而非排斥与对立。在自我主义看来,他者是自我的边界,自我是天然的中心。而在儒家这里,自我不过是他者的坐标,他者才是自我的实质。怎么理解这句话呢?让我们来做一个比喻吧。自我好比一个圆圈,他者便是这圆圈的外壁,没有了他者,自我便也不存在了。透过这个圆圈,自我主义看到的是被圈起来的自我,而儒家看到的却是圆圈之外的他者。就像洋葱一样,外边的洋葱瓣一层一层的,包裹着中央的心儿，但层层剥开之后才发现，那个所谓的心儿不过是个空，外面的洋葱瓣才是实体之所在。

自我主义和儒家都以自我为中心，只不过前者的自我是实心的，后者的自我却是空心的；前者以四周（他者）拱卫中心，后者则以中心界定四周。儒家的自我就像数学坐标中的原点，虽然是中心，但只是个（0，0）的点，以之为中心，原点不过是为了界定周遭的伦理圈，如父母该在哪里，兄弟又在何方，等等。就像上面关于洋葱的比喻，那个心儿并不是洋葱，一层一层的瓣才是洋葱的真正实体。伦理圈也是一样，作为原点的中心（自我）并不是关键，一圈一圈的伦理才是更实质的内容。说白了，自我不过是个定位用的点，是个空的"zero"，外围的伦理关系才是自我的真身本体。据此，儒家便破除了我执，以毋我的精神打破了自我与他者的对立，实现了我与他的和解。自我主义通过把自己单独拎出来以显示自我的存在；儒家却反其道行之，通过把自己融化到人群万物之中来获得存在之永恒。天地并育万物，日月普照众殊，都可谓无偏无党、大公无私。在这一点上，儒家的毋我主义可谓与天地同其道、与日月合其德。孔子所说的"己欲立而立人、己欲达而达人"此之谓也。立人便是立己，达己推而达人。分之是两截，合之本是一事。

这样，他者就不再是威胁自我的敌人，而是成就自我的同胞、伙伴和朋友。《论语》中说：四海之内皆兄弟。张载的《西铭》中有言：民吾同胞，物吾与也。自我与他者从对抗走向了和解，从决战走向了共生，从势不两立走向了亲如一家。比之个人自由的孤独与国家集体的虚幻，毋我主义的伦理圈才是人安身立命的切实世界。一个人的空间太小，民族与国家又太大，父子、兄弟、夫妇、君臣、朋友，这才是我们眷恋的家。父子、兄弟、夫妇三伦是家族关系，是伦理圈的内圈，是自天子以至于庶人皆相同的部分。而君臣和朋友两伦则是人我关系的进一步外推，每个人依其自身条件的差别而各有不同。

这里我们须注意，中国的家族与西方的家庭在结构上迥然不同。西方的家庭是以夫妇关系为轴心的横向展开，既没有空间的广阔也没有历史的纵深，所以从古希腊的城邦时代开始就将家庭看得很低，直到近代的黑格尔依旧如此。中国的家族则不然，它是以父子关系为轴心的纵向传递，一个家族的历史可以绵延不绝，所以中国古代有传重之说。同时在横向上，以五服关系为核心的亲属同心圆层层外推，更是拓展开了家族的空间范围。中国人在家族连续性的时空中，获得了与西方城邦共同体一样的生命意义。但西方的共同体没有天然的纽带，所以需要契约的订立；中国的家族则以血缘和姻娅为天然脐带，故无须契约之假设。

简言之，西方的家庭只是一个私人领域的经济单位，而中国的家族则是具有时空意义的生命共同体。西方的公民之间是人为的契约关系，所以常常借助神的参与以增强其稳固性；中国的亲戚之间则是天然的伦理关系，本身即具有无可怀疑的神圣性。

此外，谈自由必然重在权利义务之边界区分，讲伦理则首在人际关系之融洽和睦。一分一合，刚好是两种对待生活的选择。其实早在严复那里就已看出自由主义的局限性。英美的自由主义要在横向上扩展自我的领地，难免不引起人与人之间的冲突。儒家的调适上遂则在纵向上提升自我的境界，再多的人也可以和谐共处、并行不悖。

伦理圈比个人大，比国家小，介乎二者之间。它既没有个人的孤单绝对，也没有国家的凝固抽象，而是一个因人而异、真实不虚的切身存在。它完全是以个人自身为中心的伦理展开，伸缩自如，大小不一，不具有固定的规模和样式。别人在自己的圈子中获得定位，而自己也在别人的圈子中实现存在。在这种你中有我、我中有你的交叉中，每个人都同时取得了许多不同的身份。如他既是父亲也是儿子，既是老师也是学生，既是哥哥也是弟弟，诸如此类。

所以中国的阴阳概念是相对的，而西方的阴阳往往是绝对的，就像西语中阴阳词性的划分一样。胶着固定只能把握一个侧面，相对变通才可获得立体的呈现。前面我们讨论自我主义时曾把他者比作印证自我的镜子，但西方的那面镜子是单面的，所以印证的效果具有很大的片面性。这里的伦理圈——不是只有一个原点的同心圆，而是多中心同心圆的彼此重叠——是许多面镜子的同时交互映射，前后左右、上下古今我们可以获得一个更为全面的自我形象。

总结一下：自由主义抱残守缺、画地为牢，在一个小我的封闭空间中不敢走出去，错失了人生的高尚与精彩。要是长期深陷在自我的内循环中，难免不走上精神分裂的歧途。国家主义虽然走出了小我的禁锢，却又陷入了集体的幻觉，个人之恶以国家之善的名义猛烈袭来，个人的高尚献身收获的却是利维坦的丑陋与狰狞。二者皆是一种极端思维的体现。只有伦理圈才是对每个人而言最为合身的立命之所，其现实的存在在先秦是宗法社会，在明清则是家族宗庙。

二

我对自我与他者的关系定位是"和解共生"，和解就是不敌对、不排斥，共生就是不依傍、不偏从。虚己的毋我本不是要放弃自我的可能，完全献身于他者，而是要消解掉自我对于他者的权力意志。所以毋我不等于无我。无我是没有了自我，献身于他者，这个他者可能是宗教理念抑或是民族国家。而毋我则介乎有我与无我之间，不偏执，取中庸，以自己的超越意志来克制自身的本能意志，进而实现自我的精神提升。当自我融化在他者之中的时候，这种关系注定将是相互的，而不是一味地屈己从人、舍己为人。所以，在他者中显现自身不等于消解了自身。与之相反，每一个他者都是自身的一个片面的投射。这也就是我所谓的审美与道德的统一。比如，我做了一件帮助别人的好事，对于他者来说是道德的，对于自己而言又是审美的。道德与审美其实只是一个东西的正反两面。所谓审美的无功利性只是对自己而言，相对于他者之功利则毫不妨害审美的自我发生。

当下的国学虚热乃是不争的事实，无须回避。南怀瑾的那封公告倒是不错，直言不讳地戳穿了许多人叶公好龙的本质。在娱乐化加商业化的大潮席卷之下，一切都可以成为赚钱的商品，于是国学也不能幸免其中。这才是我最大的担忧。当下国学表面的红红火火不过是无限商机而已，真正关于自家身心的考究却曲高和寡、少人问津。所以我的态度是：吵闹由他们吵闹，我自潜心读书。

附录　南怀瑾先生 2010 年 1 月 24 日的公告

2010 年 1 月 22 日来函《禅七法会申请书》收悉。已禀告南师。南师嘱秘书室代笔答复如下。

一、来信他们读给我听了。大家都说向我求法，我也没有认为自己开悟得道了，也没有认为自己在弘扬佛法，也没有所谓的山门，也不收弟子，几十年都是如此。所有我所知道的，在书上都讲完了。你们自己读书发生这种见解，是你们自己上当受骗。

二、所谓"依法不依人，依了义经不依不了义经，依义不依语，依智不依识"。你们有何问题自己去研究经典，为何一定要找个人崇拜依赖呢？我九十多岁了，已经很累了，没有精神应酬那么多人啊。

三、太湖大学堂不是宗教团体，不提倡宗教。是为了研究教育文化而开办，也没有常规招生。有缘的好朋友，合条件的，一起做研究而已。偶然有缘来旁听的，出去说是参与了什么什么班，都是他们自己叫的。我来这里也是挂单的。

四、你们是小说故事看多了，什么断臂求法，程门立雪，还有不见面就跳河的，还有要跳楼的，想长跪不起的，这不是威胁吗？哪里是求法，于做人做事合理吗？不是说学佛吗？心理上都在强迫人家，变成威胁，都在自欺欺人。我是九十多岁的人了，你们非要威胁人家拜师，这也是求道吗？你们都是知识分子，怎么做这种事？

五、我从来不想做什么大师，不想收徒弟，也没有组织，更没有什么所谓"南门"。我一辈子反对门派、宗派，那是江湖帮会的习惯。

六、你们以为拜了老师就会得道？就会成佛？当面授受就有密法？就得道了吗？真是莫名其妙！口口声声求法渡众生，自己的事都搞不清楚。先从平凡做人做事开始磨炼吧：做一份正当职业，老老实实做人，规规矩矩做事，不要怨天尤人，要反求诸己，磨炼心智，转变习气，才有功德基础；否则就成了不务正业，活在幻想的虚无缥缈中罢了。修行重点首在转变心理习气，修习定力是辅助。人贵自立，早日自立，便早日自觉。功德够了，自己会开发智慧。

七、你们找我学佛修道，我九十多岁了，还没找到一个真仙真佛，你们找我有什么用？不要迷信了。我那些书只是做学问而已，你们不要上当受骗。那些书中，《论语别裁》是中心。

你们要学禅，扬州高旻寺、西安卧龙寺、福建大雪峰都在打禅七，很多寺庙也都在修禅堂，你们怎么不去那里呢？我并没有弘扬禅。所谓曾经有个禅修班，是偶然机缘，某大学登记的校友读书会组织的，经该大学领导认可，对每个人有严格资格考察的，转来一起做了几天研究而已。结束之后又怎样呢？还不是要回去老老实实平凡地做人做事、磨炼心智、转变习气吗？路当然是要自己走的。求人不如求己！真相信因果，就要从自己起心动念处检点，才是智者所为，也是修行核心。眼睛向外看，怨天尤人，崇拜偶像，依赖他人，玩弄境界，都是自欺欺人！

诸位珍重！专此 即颂

平安

秘书室 敬上

己丑腊月公元 2010 年 1 月 24 日

一样却又不一样的死

北京的环境真是很差，下雨都带着黄土，好像是黄河里的水淋下来一样。走出宿舍看看我的那辆自行车，怎一个惨字了得！想想也怪自己，自从买来也没有擦过它一次。倒不是因为懒，而是为了防盗，越是崭新、干净的车越容易被偷。再一个理由就是对它不够重视了，对现代人来说一辆自行车算不上什么宝贝，所以也便没有了那种精心的呵护。想想二十年以前，谁家要是有一辆自行车还不当宝贝一样供起来，没有大事不舍得骑，更不轻易外借，不管用不用，一天里总要擦上几遍，一辆车骑上十年还像新的一样。这就是宋钢身处的那个年代。

宋钢是余华的小说《兄弟》里的人物，靠着他的新婚妻子——林红的亲戚关系，他在那个凭票消费的时代买了一辆上海的凤凰牌自行车。每天他骑车送林红去上班，到了下午再去接她下班。就在那条熟悉的路上，他们每天来来回回地骑车而过，接受着两旁众人羡慕的目光。与现在比起来，那个年代物质上是贫乏的，但他们却相当满足，也正是由于满足，所以他们觉得很幸福。

按照阐释学的观点，幸福不可能是一系列客观而又外在的数字、菜单、指标，而是在人的意向性之中的一种存在，用中国的话说就是在心物之间。王阳明有一段有名的话，说山间的花你不看它时它与你的心同归于寂，待你看它时那花便一下子明亮起来。过去我们拿这段话作为批判他的主观唯心主义的证据，其实真是冤枉了他老人家。因为他讲的不是什么唯心主义，而是阐释学的这个道理，也就是心与物相互之间的道理。

幸福既不单纯在心亦不完全在物，而在于心物之间。说得简单一些，当你对物满足时便是幸福。你满足，虽一只小花亦可使你幸福陶醉；你不满足，给你一座金山也是枉然。甘地曾说："地球能够满足所有人的需要，但不能满足所有人的欲望。"所以同样是一辆自行车，宋钢因他的满足而无限幸福，勤于擦拭；而我们现代人因为不满足于此而不再珍视，懒于呵护。

不满足，这是现代社会教给我们的野心，据说只有这样才能不断奋进，才能推动社会的进步，才能创造更为丰富的物质财富。于是但凡知足常乐便会被鄙视为没有上进心，被排斥于成功人士之外。但其实我们的幸福真的需要那么多的进步、那么多的物质财富吗？只有片面的追求而没有心的满足，那何时才是一个尽头呢？这样的尽头处等待我们的或许不是幸福，而正是毁灭。现代人修技不修心，在虚假的繁荣里投下远处幸福的幻影，成为永远追逐自由的奴隶。

《兄弟》下部的荒诞为我们很好地展示了这样一个现代世界，在这里处处是人性的扭曲。而宋钢怀揣着旧日的理想，怀着妈妈临死前他曾答应照顾兄弟的承诺，最终走向了死亡。他是卧轨死的，在临死前他第一次尝了小笼汤包的味道。虽然他的生活一直不富有，但由于他的满足，他很幸福，就连最后的死都没有那么痛苦。孔子讲"求仁而得仁，又何怨乎"，我想宋钢就是这样吧。而继续活着的林红成了发廊的老鸨，李光头则在厌倦了挣钱和女人之后准备带着宋钢的骨灰坐飞船上太空。相比宋钢的质朴，富有的他们或许再也找不到幸福在何处。苏格拉底临死之前曾说：我去死，你们去活，至于哪个更好，只有天知道。

比较林红和李光头的活，宋钢的死是幸福的。

宋钢是一个卑微的小人物，但他的死却让我想起一个大人物——秦始皇。他曾权倾天下，不可一世，虽贵为六国之君任其拘系虏杀，虽尊如神灵之湘山二妃亦不免其伐竹赭山之罚。国有儒生议政，于是坑埋之；海有巨鱼游现，于是射杀之。这是一位天不怕地不怕的专制皇帝，他自视不仅是这人界之君，亦是那神界之主，天地人神都得服从于他的伟大意志。

但就是这样一位傲立天地的君主竟然一样会死。他的死后与生前更是判然之别。他的遗诏被人篡改了，他的意志不再得到执行：他所指定的太子竟然被矫诏赐死，他对这个世界的身后安排完全被颠覆了。这一切就发生在他刚刚咽气之后，也许他的身体还有余温。凭借着权势，生前的他统治着一切；失去了权势，死后的他连起码的尊重都得不到。到底是人在玩弄权势还是权势在玩弄人？

而死是公平的，无论尊卑贵贱，每个人都会死亡。死取消了胜者败者之分，在死亡面前没有最终的胜利者。在这个意义上，所有的死都是一样的，都是对生前是是非非的一个了断。但死又是不一样的。就像秦始皇和宋钢，秦始皇之死一定是恋恋不舍的，他对权势支配的不满足的欲望一定让他死得很遗憾，他多想再活五百年呀！而宋钢却死得很幸福，他觉得他满足了，他没有什么遗憾，就连这死本身都是对他的一种满足。所以或许我们可以说，在最后的死上，秦始皇不如宋钢死得其所，死得幸福。

人总是要死的，可人类老是不愿意面对这个事实，甚至不惜以神话或宗教来自我欺骗。或许真的有死后的世界吧，但那要我们死后才能知道。所以，宗教的悖论就在于谈一些活人不可能知道的事情，却又言之凿凿。我们的人生主题是生，但我们也知道这生的边界是死。所以，海德格尔说"面向死亡而活"，这就要求对生命不能做无限的想象。但也正是生命的有限使我们学会满足，而不再无谓地做无限的追逐。死后的救赎和历史的解放同样都是无限性奴役的诡计，而我们只是有限的人。既使如秦始皇那样生前显赫非凡，可在死亡面前同样是渺小的。

现代性教给我们两个东西，一个是无限追逐的野心，另一个是贪生怕死的懦弱。越是追逐无限越是不满足，越是不满足越是贪生怕死，总觉得自己还没有活够，于是千方百计地想活下来。其实这样的活不过是浪费，任你一千年甚至一万年也还是不会幸福。既然终究要死，何不就让我们面对？时刻为死而准备着，心平气和、知足常乐地活着。这样不论我们何时离去，都不会留下遗憾，而是带着幸福去做另一次远游。

本来我们可以活得很愉快，因为其实我们很容易满足。离开心而逐物，才把我们的生活变得很累。孟子曾说，一个人丢了一只鸡会到处寻找，但把自己的心丢了却不懂得找回。心外之物何需逐，物外之心不劳思。把我们的心投射到物上，得一种定在的踏实，而不做空幻的玄想；把外在的物涵泳到我们心里，哪怕一片树叶，都会生出无限的意味。也许那时，我们会再次把心爱的自行车擦得锃亮，用它带着自己的爱人，幸福地骑在熟悉的小路上。

中篇　儒学致用

"一"与"多"和"言"与"意"

一

来绵阳后我给自己的小屋取了个名字叫"四毋斋",这里既有孔夫子"毋意、毋必、毋固、毋我"的教导,也有我自己"新四毋"的补充。为此我写了一段斋铭:"君子慎独,参天赞地,民胞物与,推仁守义,四句箴言,以警以惕。第一,毋伤生害和;第二,毋任性使气;第三,毋纵欲放情;第四,毋耽名嗜利。"其实"四毋"归根结底就是"一毋",那就是毋我。孔子说:"人能弘道,非道弘人。"这就是毋我。所以我的谦虚绝不是隐藏着更大骄傲的客套,实在是以人弘道的真实想法。

二

西方人的逻各斯中心主义思维根深蒂固,一直摆脱不了本质主义的偏见,尽管已有康德的哲学革命,但还是留下了先验理性的后门。所以直到今天,西方人还会相信不是我们在说语言,而是语言在借我们言说。这背后其实便是语言本质主义的鬼影。真理与意见的区分依旧没有取消这种固化的偏执。

中国人则不然,对语言从来就没有如此地膜拜。语言又称筌言,不过是表达的工具而已,人可借助语言而领悟道,但道并不在语言之中。真正的大道乃是无言的流行。

时间和境遇，这恰是西方之真理所欲克服的两个变化性因素。他们执拗地以为真理必然是永恒不变、放之四海而皆准的。其实中文里的"真"和西方的"true"不一样，中文里真便是诚，诚就是情物相接之后的状态，既不是客观的、孤立的物，也不是主观的、闭关的情，恰是一种境遇的切合。所以我们的真本身便是美，同样也是善，并不会因其太美以至于失真。

其实不论是古人的隽语还是现代的概念，关键是要把它落实为一种可行的制度和人文。"选贤与能"① 固然字面可解，但如何做到？这便是个大问题。古人已经把许多道理讲清，只是如何去落实才是难处，否则老是悬在高处，于生民并无半点便宜。我的意思也是如此，先要立下一个制度，有章可循，再次便是造就一批适合的人才予以驾驭，否则徒有马或光有车皆不足以驰骋千里。中国人不会去计较什么理念层面的表达是否准确、简洁，关键是可以操作、便于实行。先秦儒家为什么那么重视礼而轻于理论的编制？活的东西不太在乎自我的表达，文字更多是记录死去的东西。

三

一多无碍、理一分殊，以一统多、以多见一，一在多中绽放自身、多在一中贞定本然，一不离多、多不离一，故《中庸》讲道不远人、远人非道，近世熊十力于此深悟体用不二之几。正是以此为根基，儒家才合哲学与政治为一贯之道，入世教化，不离日用伦常间。可以"本然"一词来指代"一与多"的合体状态，本然不同于本质，本质是一种隐藏在表象背后且高于表象的抽象规定，本然是自身原有状态的完整呈现。因为"本"所以有体，因为"然"所以体用不二。

关于"言与意"问题，老子早有过"道可道非常道"之洞明，庄

---

① "与"当作"举"，繁体字形相近而误。

子之"意在言外、得意忘言"更是凸显了语言（包括文字）的局限性。孔子的修辞立诚，孟子的无以辞害意、以意逆志，则表明了儒道两家在这个问题上的共同观点。语言的背后其实是一种隐性的思维方式，但这种思维对于把握道体却未必是合适的方法。不论是《周易》的感而遂通，还是禅宗的一朝顿悟，都力图在语言思维之外去领悟道。对"意在言外传递精义"的认识，或许可以解释相较西方发达的哲学史中国古人疏于著述的原因。明道但求会心处，岂在渔筌枯索间。但也要注意，觉悟只是对道的认识方式，在日常生活中我们还是需要语言思维的知解，二者并行不悖，只是适用的领域不同。

把前后两个问题联系起来看，对道的领悟不需要过多的文字纠结和理论体系，故老子有大音希声之教，孔子有天何言哉之叹，佛陀亦曰不可说、不可说。语言文字只不过是接近道的一个引子，好比禅宗的话头，而理论体系往往成为自我封闭的逻辑游戏，画地为牢，反而变成接近道的思维障蔽。其实重要的还在于自家内心的体悟，这种领悟虽冥契于心却又不可言传，个人只能自求以得之。因为道作为一无形无相，只能在每个人身上随缘化渡，显现自身，任何固定的形象都已不是道本身。人不能一口吸尽西江水，同样不可能以语言穷尽道之全体。所以，唐宋以后的儒释学者多以语录渡化后学。

但悟道并非全是不可捉摸的神秘体验，孔圣人尚且自称学而知之，可见其求之有术，这就是儒家讲的功夫。这种功夫的学习就是借鉴历代圣贤和身边师友的经验，下学而上达，道问学以尊德性，而名教便是这种下学之路径，《中庸》所谓"修道之谓教"者是也。若是脱离这种历史传统和下学之教，个人在悟道的独行中肯定会困难重重，甚至不免产生对道的犹疑，进而陷入不可知论。不过不可知论在另一方面也是对的，因为道确实不可知，不可为人类一劳永逸地知解和把握，而只能被个人一次又一次地以多的形式契悟、觉感和体会。

其实"人"是一个很含混的类概念，即便理性的人也并不是一种平均的存在。《弟子规》说的才是事实，"同是人，类不齐，流俗众，仁者希"。基于此，对于道的领悟就不可能以同样的方式实现，更不应该成为对人的整齐划一的本质性规定。大多数人注定要生活在日用而不知的状态下，以玄解的方式悟道永远只是极少数。否定多而固执于一是形而上学的歧出，从一多二分的玄学回归体用不二的政教才是亲近大道的正途。故君子之道造端乎夫妇，及其至也察乎天地。

与道之层面的不可言说不同，器之层面才是语言的用武之地。一不可言而多可言，体不可言而用可言，道不可知解而器可以知解。所谓正名便是在此日用伦常的生活层面对语言的合理化安排，这也就是儒家的礼。可言则言，应默则默。

无用之用是为大用

——评蒋庆先生之《儒学的时代价值》[①]

近代以来，随着西学在器物—制度—思想三个层面渐次深入的渗透，儒学逐渐被认为是无用和过时的了。于是乎先有中体西用之说分离体用，承认儒学在用上的无能；不数年便又废科举、筹立宪，彻底变革以儒学为根本的政教制度；最后更是在五四运动中喊出了"打倒孔家店"的口号，与之并行的则是学术上疑古学派的大盛，激愤的中国知识分子甚至认为应该将所有的线装书都丢进茅坑里。新中国成立后经历了"文革"的反传统涤荡，儒学愈加风雨飘零、命悬一线。于是在余英时先生看来，儒学已经成了失去躯体的游魂；而已故的美国学者列文森更是将儒学视为早已走进博物馆的死物。但儒学真的死了吗？

看一种学说或思想是否具有生命力，不光要注意其空间的传播性，更要看其时间的长久性。以传播空间之广度与深度来看，今日之显学自然非西学莫属，但西学在向全世界扩张的过程中也越来越暴露出其自身的弊病。现实世界的环境污染、生态破坏、能源危机、核武威胁、都市膨胀、信息爆炸、资源浪费、文明冲突、贫富不均、技术统治等问题越来越突出，持续困扰人类的生存，而西学在学理上对此却回应无力、一筹莫展、黔驴技穷。面对理性化的牢笼，不论是弗洛伊德的心理学、法兰克福学派的批判哲学，还是从胡塞尔到海德格尔的存在主义以及种种时髦的后现代主义，除了对于人生

---

① 蒋庆. 儒学的时代价值 [M]. 成都：四川人民出版社, 2009.

荒谬与历史荒唐的诊断之外，就只能发出一些悲观无助的哀叹，抑或做鱼死网破的疯狂式反抗。其间虽不乏睿智、激烈的批判和同归于尽、与子偕亡的气概，但终究还是逃不脱悲凉的绝望。可以说，近代以来的西学只飚行了短短的几百年便走进了一个历史的死胡同。

西学病倒了，这恰好给了儒学一个重新崛起的机会。叔孙通尝言："夫儒者难与进取，可与守成。"进取者难免屠戮，祸害苍生，故儒者有所不为；守成者转化治平，造福百姓，故儒者勇于担当。人类在西学的鼓动下金戈铁马、飚歌猛进了几百年，现代化虽然创造了举世瞩目的物质成就，也层累了许多积重难返的问题。儒学或许在现代化的进程中相对无用，但如今要收拾后现代的烂摊子恐怕正是儒学发挥其大用的时候了。

我们之所以敢于说儒学没有死，依旧保有强健的生命力，就在于儒学具备对治今日之社会问题的能力。近日蒋庆先生将十余年间的文章结集出版，取名为《儒学的时代价值》，正是缘于这样的一种信念。在自序中，作者说："如果儒学不能对中国遭受的苦难与面对的问题发表自己独特的看法，即意味着儒学不仅丧失了自己的独特性，也丧失了自己的生命力，变成了无价值的死的知识之学。"①

儒家不是实用主义者，对于学理自有其严格的坚守和秉持；但儒家亦不是迂腐的冬烘先生，只知妙谈玄理，不问世事苍生。儒家有经有权，知常达变，以理成事，即用见体。儒学昨日之无用在于不愿为渊驱鱼、为虎作伥；儒学今日之大用则在于以不忍人之心行不忍人之政。此诚孟子所谓有所为有所不为也。

蒋庆先生在《公羊学引论》（辽宁教育出版社 1995 年版）中首次揭橥政治儒学之真义以来，又在《政治儒学》（生活·读书·新知三联书店 2003 年版）一书中完整地提出了三重合法性的学说，一扫海外新儒家偏于内圣而外王缺失的颓势。

《儒学的时代价值》一书共收录了蒋庆先生十余年间的十二篇文稿，其中最早的当属《心性儒学与未来世纪》和《良知是人类历史

① 蒋庆. 儒学的时代价值 [M]. 成都：四川人民出版社，2009：2.

的最后希望》这两篇发表于 1994 年的文章，最晚的则要算由蒋庆先生的助手范必萱女士 2006 年整理于阳明精舍的《心学散论》。各篇文章的排列打乱了发表或写作的时间次序，但作者在书中没有给出一个编排的标准或理由。不过从文章的内容来看，我们还是可以得出一些分类规律。

蒋庆素以政治儒学而为人所知，但按照《蒋庆先生学述》的说法："蒋先生以'政治儒学'名世，然心性儒学亦其素好，造诣湛深，撰有《心学散论》若干篇行世。"这一点可以从本书收录最早的 1994 年的两篇文章得到印证。蒋庆先生最初也是从新儒家的路子进入儒学的。虽然后来对之心有不慊，针对心性儒学提出了政治儒学的分野，但他只是不慊其偏于一端，而非将儒学之心性一派全笔抹杀。其自身亦秉持以心性儒学修身、以政治儒学治世的内圣外王之道。

《心学散论》和《心性儒学与未来世纪》便是属于这种关于心性儒学的文字，虽然写作时间上前后相隔十多年，但依旧可以视为一组文章。所不同的是，前者是作者自家修习儒学的心得体会，后者则是对于心性儒学所做之学术化的研究与讨论。一者是功夫之谈，于歆慕儒学之后学弟子之持身修己可大有帮助；一者是学问之谈，注重于义理之阐释与发挥。

作者以《心学散论》冠于诸篇之首，足见其对于此篇文字之重视。儒门自古便有"尊德行而道问学"之教，双轮并走、比翼齐飞是贯通内外的常道，热衷政治儒学之读者诸君正可于此处窥见儒学之总体全貌。如今民间儒学勃兴，雅好夫子之言者甚多。然儒学飘零百余年，于此守先待后、萌生振起之时，时人或囿于昔日旧习，偏于政治之民族激愤，而缺乎心性之君子修为。诚如阳明先生在《拔本塞源论》中所言："圣学既远，霸术之传积渍已深，虽在贤知，皆不免习染。"果如是则徒然一儒门愤青而已，非但无补于世道，更可有污于"圣学"。夫子有言："攻乎异端，斯害也已。"故蒋庆先生在《心学散论》中特意以"先立名节，后谈圣道"[①]与同道诸君共勉。读

① 蒋庆. 儒学的时代价值 [M]. 成都：四川人民出版社，2009：6.

者诸君于此篇不仅可体会其涵养之功夫，更当有感于蒋庆先生之良苦用心也。

要之，儒学之复兴端在君子之振起。文武之道，布在方策，人存政举，人亡政息，此古之懿训也。如今五经俱在，义理深藏，唯赖有为之君子阐而发之，使其大白于天下，则儒学复兴之日可待也。而君子之始起于修身，《大学》之八条目次第分明，无须在下多言。

在《心性儒学与未来世纪》一文中，蒋庆先生对心性儒学之自然观做了五个方面的概括，即"天人合一的自然观""大化流行的宇宙观""尽物之性的物与观""阴阳交合的生成观"以及"以物观物的方法论"。[①]其条理之分明、涵盖之周全、表述之精当，都足以接引后学、廓清迷识。虽然这还是一篇冠以心性儒学之名的文章，但在与未来世纪的对接中我们已经隐约看到了政治儒学行将诞生的征兆。尤其是在文章末尾"结语：未济"这一部分，从"明心见性而返心复性而开物成务而裁成天地"[②]可见，心性儒学已经不仅局限于内心的修养，而是向外推演为治理的事功。尽管这是儒学应有的题中之意，但在当时却有着突破海外新儒家偏于内圣、罔顾外王的时代意义，为此后一年《公羊学引论》中政治儒学的诞生埋下了伏笔。

以上两篇可以视为第一组文章。

第二组文章则包括《儒学的真精神与真价值》和《我所理解的儒学》这两篇文字。从题目上就可看出，这两篇文章主要是从正面来阐释儒学之精义所在。在《儒学的真精神与真价值》一文中，蒋庆先生把儒学的基本义理概括为十条特征：一是道德首出、仁为根本；二是社会教化、礼为基础；三是德主刑辅、明刑弼教；四是王道理想、贯通三才；五是建立中极、理一分殊；六是内圣外王、止于至善；七是不求来世、当下圆成；八是历史未济、现世拯救；九是保合太和、世界大同；十是自力立教、良知希望。[③]

---

① 蒋庆.儒学的时代价值[M].成都：四川人民出版社，2009：41-46.
② 蒋庆.儒学的时代价值[M].成都：四川人民出版社，2009：50.
③ 蒋庆.儒学的时代价值[M].成都：四川人民出版社，2009：21-30.

　　这十大特征可以说融合了自先秦原始儒家到后世宋明理学的所有儒家思想范畴，并且为它们都配置了各自的位置，理顺了彼此之间的关系，打通了儒学一以贯之的义理脉络，弥合了先秦儒学与后世儒学、汉唐经学与宋明理学的分野对立，促成了儒学内部的思想体系整合。孔子殁后，儒分为八，先秦就已有孟荀之别，至清末谭嗣同更言"二千年来之学，荀学也，皆乡愿也"。此外如汉学宋学之对立、理学心学之纷争，大大小小，不绝于史。儒学内部的派别分立一方面是自我更新能力的体现，另一方面也造成自我弱化的内耗。这在儒学为王官学的时代倒还不要紧，但对于今日欲重振儒学则是一个极大的挑战。如果儒学自身还是内部门户争立的一盘散沙，又如何去应世接物、建德立功呢？

　　时人好把儒学打断为两截，以为先秦原始儒家秉时中智慧，纯而又纯；秦以后之儒学则杂染霸道法术，已非正学。此说与前引谭嗣同之说并无二致。在蒋庆先生看来，此不免有儒学虚无主义之嫌。荀子以为"圣贤者，学之积也；礼义者，圣贤之积也"。故荀子主张法后王，以先王年代久远，文献不足征，致远恐泥；后王则兼取先王而又与时偕行，圣之时者也。孔子编订六经，集三代之大成，承先启后，已经为后人做出了表率。今日亦当以同情、宽容之心礼敬前贤，以孔荀之累进史观择选之、整合之。于此观之，蒋庆先生这一篇文章不过区区万余字，然其于当前儒学贯通义理、振起复兴之意义不可谓不大矣。

　　接下来的《儒学之用的标准何在》《超越现代性与自由主义》和《追求道德的政治》这三篇则可以划为第三组文章。与前两篇的直陈义理方式不同，这一组的三篇文章是结合时代问题而发出的讨论。

　　《儒学之用的标准何在》着力回应了近代以来对于儒学无用的责难。蒋庆先生将其概括为三方面的指责，即儒学在"救亡"上无用、在"科学"上无用、在"民主"上无用。[1] 在蒋庆看来，这三方

---

① 蒋庆. 儒学的时代价值 [M]. 成都：四川人民出版社，2009：61.

面的无用恰恰显示了儒学无用之大用的品质。救亡上的无用源于儒学坚守了人类道德理想的原则，不愿下降到暴力厮杀的恶性争斗中去；科学上的无用因为儒学所关心者在道德而不在技艺，故虽不能形成科学但却可以规范科学；民主上的无用则由于儒学自身所孕育的天道—历史—民意的三重合法性的政治理念要远远高于"民意合法性一重独大"的民主政治，故不屑于屈己降志而曲从之。儒学于救亡、科学、民主之急功近利皆无所用，但无用之用是为大用，此处之无用正是儒学欲调适上遂之所在。

此外的《超越现代性与自由主义》和《追求道德的政治》两篇，从题目即可看出其主旨所在。作者分别从应对现代性之困境、走出自由主义之迷惘、复归道德化之政治三个层面畅谈了儒学在今日之时代所具有的现实意义和价值。

第四组的两篇文章《读经与中国文化的复兴》和《中国大学通识教育与中国书院传统的回归》都是谈教育问题的。中国近代以来因为穷于应付救亡的问题，社会精英大多致力于应变图存，而将国家的守常固本之道忘却了。百年激荡，国存教亡，学校失守，人才凋零，诚乃一可悲之事。今日欲重振我礼仪之邦，首在涵养民风，欲涵养民风必先恢复教化，而欲恢复教化则不能不先有人才，人才之得在乎教育。此乃蒋庆先生推动儿童读经、倡导书院传统之衷心所在也。

第五组是两篇书评文章，一是《保守主义真义——评刘军宁〈保守主义〉一书对于柏克保守主义思想的误解》，二是《中国文化的真精神与真生命——评刘小枫〈拯救与逍遥〉一书对中国文化的看法》。两书共同之处在于破除误解、阐发真义，只不过前一篇是针对西方思想之误解所做的澄清，而后一篇则是针对中国文化之误读给予的辨析。二者皆有廓清迷识、还原本真之功，对于纠正国内学界的一些偏见误解可谓裨益良多。

该书的最后一组文章只有一篇，是《良知是人类历史的最后希望》。在该书的安排上，这篇文章并没有排在末尾，而是放在了倒数

第三篇。但从其内容来看，以之殿后似乎更为合适。综合全书来看，第一组文章说的是修身立志之学；第二组文章则为我们正面阐发了儒学义理；第三组文章以儒学立场来探究和回答了一些现代问题；第四组文章则从教育着手为儒学明日之复兴储备人才；第五组文章主要是僻外道；而第六组文章，诚如文章标题所示，是要揭示儒学之所以定能复兴的根本动力所在。

此文写作于1994年，时间很早，却深深奠定了蒋庆先生对于儒学的坚定信仰。今日先生弘教之不遗余力，勇气来于何处，信心源自哪里？全都在这"良知"二字上。良知是人心的虚灵不昧，是仁心之所在，是智慧之所出，是勇气之所起。曾子曰：士不可以不弘毅，任重而道远。读了此篇，你才会明白蒋庆先生何以会有"虽千万人吾往矣"的巨大道德力量。若与阳明先生相比附，本篇不啻为蒋庆先生之《拔本塞源论》也。

十余年间只此十二篇文稿，不可谓之多。然其所以不多，非不多也，因天下之失道也久，众所望于先生者过多也。本书之文稿从内容来看基本属于义理之研讨，对于制度之构想、礼俗之恢复皆少有涉及。

当然，儒学不是蒋先生一人之儒学，其振起复兴之责亦不应由蒋先生一人承担，唯集合众人之力，庶可共绘蓝图、早成大业。故有志于儒学之士君子，或可以蒋先生此书为门径，上溯先贤经典，发奋熏习浸润。我想或许这也正是蒋先生结集此书的心愿吧。

离奇的到底是谁

近日读到易中天先生与秋风先生商榷的一篇文章，题目叫《这样的"孔子"不离奇吗》。事情的起因是，秋风先生在其《你可能不认识的孔子》一文中试图以自由主义去重新理解和阐释孔子，可在易先生看来，这是站不住脚的。对此，易先生有针对性地讲了三条反驳理由：一是封建宗法制下的君臣关系并不是契约关系，只是政治妥协的产物；二是古代政治的"自由空间"是实力妥协的结果，并非拜儒家礼治所赐，只有法治才是自由的真正保障；三是孔子学说并没有开启平等的大门，在君臣关系上讲的是对等而非平等。

契约、自由、平等皆是现代自由主义的核心概念，秋风先生试图以此来诠释孔子思想，虽是出于好意，但作为思想描述或有不准确之处。因为这不光是一个简单的事实描述，更包含强烈的价值判断。毋庸讳言，孔子肯定不是自由主义者。在事实判断这一点上，无疑易先生比秋风先生的理解更准确。但在价值判断上，秋风先生却比易先生的态度更具温情。换言之，在对待孔子和儒家的问题上，同为自由主义的信徒，易先生与秋风先生相比较，虽长于"同情之了解"，却短于"了解之同情"。同情者未必了解，而了解者又未必同情，这恰是今天我们许多人在对待孔子和儒家态度上的矛盾现象。

说孔子不是自由主义者，作为事实是没错的；但因此判定孔子的思想不如自由主义高明，那就未必正确了。不同于自由主义不等于不如自由主义。我们可以接受易先生对秋风先生的事实反驳，却不能同意他由此而来的价值判断。现代学术讲究价值中立，因此契约、权利也好，自由、平等也罢，都不应该成为判断思想高低先入为主的标准。与其用自由主义的概念来比量孔子的思想，不如放下各种主义的成见，虚一而静，以孔子解释孔子，以中国理解中国。以此视野来看孔子，在与易先生一样的事实基础上，我们或许可以得出不一样的结论。

先来看一下关于契约抑或妥协的问题。显而易见，秋风先生所言之契约关系是"社会契约论"意义上的抽象契约，而易先生却将之理解成具体的合同契约。这第一步就对错了枪口。前者是关于国家产生的政治哲学，而后者不过是一般的法律合约。君臣关系无疑属于政治关系，而非普通的法律关系；即便放在大法学的范畴里，也是属于公法领域，而非私法领域。而且，作为现代国家哲学基础的社会契约论，只是一种理论假设，而非历史事实。对于现实中的公民个体来说，所谓的自由选择只是抽象自由，而非现实的自由选择。所以，易先生用实证的"自由选择"标准来反驳秋风先生的契约论无异于关公战秦琼。

在契约与自由选择关系上的理论－现实混搭，注定了易先生反驳的似是而非。不过先别忙着收官，且让我们顺着易先生的思路将错就错地看下去。

在易先生看来，先秦儒家宗法封建制下的君臣关系"毋宁说是政治妥协的产物"。在这里，易先生似乎把契约与妥协决然地对立起来。殊不知，社会契约本身也是妥协的产物。按照天赋人权的学说，上帝或自然把权利平等地赋予每一个人，这就是人类原初的自然状态。但自然状态不足以保障人权的实现，这才有国家的产生。个人让渡出部分权力以组成主权国家，但国家公权力既可以保护人权，也可能破坏人权，成为专制压迫的邪恶力量。所以在自由主义者看来，国家是恶的，但又是必不可少的恶。如此来看，这组建国家的社会契约又何尝不是权衡利弊之后妥协的产物呢？

再者，政治本来就是一门妥协的艺术，它需要在理想与现实之间折中，在价值理性与工具理性之间调和。中国古人将秉持国政叫作调和鼎鼐，而西方民主政治的利益博弈、党派斗争又有哪一个不是妥协的结果呢？

其实，易先生推崇契约也好，鄙视妥协也罢，无非是想借这种区别来贬低封建主义的孔子思想，抬高自由主义的契约论。在易先生看来，社会契约论是自由意志选择的结果，在价值上具有天然的正当性；而孔子的君臣关系及其整个三级分权的封建体系不过是实力原则主导下的"排排坐，吃果果"，是"黑社会的坐地分赃"，在价值上当然不具有天然的合理性。然而究其实，前者不过是西方学者虚无缥缈的理论假设，易先生却信之不疑；后者是孔夫子仁义忠恕的淑世赤诚，易先生却疑之不信，可奈何？

再者，契约论真的如易先生认为得那样高明神圣吗？契约论虽然理论外表装潢得很华丽时尚，但其实质不过是资本主义经济上的产权理论在政治领域的投影罢了。诸位不信，且听我道来。在资产阶级眼中，国家是什么？无非是一份庞大的企业资产，是一个股份制的有限公司，所谓政治上的主权在民其实也就是经济上的股权在民。股民通过集资组建公司，公民则通过让权组建国家。国家的议会也就是公司的股东代表大会，国家的政府（内阁）也就是公司董事会，国家的元首相当于公司董事长，而内阁总理则是CEO、总经理。作为散户的股民（公民）虽然名义上是公司的主人，实际上不过是普通员工而已。公司的管理权（执政权）主要还是被作为大股东的资产阶级所掌控。这才是契约论的本质，所谓的自由选择对广大的公民个体来说不过是一次"被自由"而已。在这一点上，马克思对资产阶级法权之虚伪性的批判可谓击中要害。

契约论背后有着深刻的自然法学说背景，契约得以可能的前提便是自然权利学说，而自然权利（natural rights）的概念又来自对自然正义（natural right）概念的歪曲和偷换。与建立在道德基础之上的自然法相比，契约不过是利益算计之后理性的人为选择罢了。前者出于天（自然），而后者来自人（自由），而自然法要高于人为法。恰如易先生自己所说的："请问，父子是契约关系吗？当然不是！

父子关系是可以选择的吗？当然不能！那么，以此为基础的君臣关系，难道就可选择？当然也不能。……君臣关系，几乎刚一生下来就规定好了，根本就没得选。"君臣关系天生注定、不可选择，恰说明它是自然关系，而非人为的契约关系；它合乎自然法，高于作为契约的人为法。正是基于此，儒家才把君臣关系视为伦理关系中的五常之一。而以契约论来解释君臣关系，是降低了其原来的自然地位。

可见，不够格于契约非但不能降低君臣关系的伦理正当性，反而凸显出其超越于人为法构造之上的自然本性。同样，相较向壁虚造的社会契约论，对等妥协的现实特征更加彰显我们古人圆通的政治智慧与艺术。而这种政治艺术与智慧的制度化形式便是孔子的礼治思想。

提到礼治便不能不提法治，因为顺着易先生前文的逻辑可以推导出：礼治是妥协的产物，法治则是契约的结果。于是在易先生的价值坐标系里，中国的礼治再一次败给了西方的法治，其理由据说是契约的法治比妥协的礼治更能为自由提供保障。但经过前文我们对契约和妥协含义的重新认识与梳理，易先生的结论恐怕就不能那么顺理成章地成立了。为了重新检讨易先生的第二条反驳理由，还是先让我们梳理一下法治的含义吧。

西方的法治思想深深植根于古希腊和古罗马的自然法传统之中。法治之法既不是帝王之法，也不是易先生所以为的人民之法，而是自然之法。帝王之法和人民之法皆属人为法，而自然法是上帝根植于自然理论中的真正具有约束力的法律，它高于世间一切的人为法。这里的人为法一般指人造的成文法，而自然法由于其非人造性，并不体现为一系列的法条，而往往以社会道德、人类良知、圣经义理和宗教训戒等不成文法的形式显现自身。真正的法治是上帝和理性的统治，而非人的统治，只有这样在法的统治和公民自由之间才不会存在矛盾。

另外，法治（the rule of law）也不等同于依法治国（the rule

by law)。前者是自然法的统治，而后者是人为法的统治；前者是法自身的统治，后者却是运用法律来进行统治；前者的统治者是自然法，后者的统治者却是运用法律的立法者。立法者作为绝对的主权者，它不仅创制法律，并且高于法律。不管这个主权者是一个君主还是全体人民，都不受其自身所制定之法律的限制，主权者的地位永远高居法律之上。所以，依法治国归根结底还是人治而非法治。这里暴露出法治与民主两种原则的内在逻辑冲突。

简而言之，民主强调人民最大，法治认为自然法最高，二者在"谁是第一"的问题上针锋相对。民主与法治两种原则在理论上相对相反，但在现实中可以相辅相成。人民再大也大不过自然，法治的自然法传统正可以克服民主的危险性。看一下美国的宪政体制就会发现，总统和国会的选举体现了民主的原则，最高法院的违宪审查体现了法治的原则，而三权分立的总体架构则体现了共和的原则。美国的政治模式就是民主、法治与共和这三大原则混合而成的。可惜的是，很多人只为美式民主所陶醉，却无察于其法治与共和的立国精神，无怪乎有人斥之为民主的迷信。

这里顺便说一下人权高于主权的问题，这个命题只有透过自然法传统才能理解。在近代西方社会契约论的思想中，论证主权在民的逻辑前提是天赋人权，因为只有每个人先具有不可剥夺的自然权利之后，才可能由他让渡出一部分权力来形成国家的主权。也就是说，主权是由人权派生出来的。人权来自先天的自然法，而主权来自后天的人为法——社会契约。按照自然法高于人为法的原则，当然是人权高于主权了。

在近代自然权利学说的理论框架下，人权高于主权的原则并没有错，错只错在西方国家在运用这一原则的时候怀有私心、不够彻底。在干涉别国内政的时候就祭出这面大旗，但在对自己国家不利的时候就顾左右而言他。比如说自由移民，为何在一国之内是人权，在全世界范围内就不是人权了呢？在全球范围内的自由移民应该是全人类所共有的自然权利，只是后来随着主权国家的边界壁垒越来越高，阻碍了人类这一权利的实现。若是按照人权高于主权的原则，所有的主权国家都应该无条件地打开国门，尤其是美洲和澳洲的历史上移民国家。对那些正在千方百计排斥外来移民的西方发达国家来说，恰是他们自己在践踏其所宣扬的普世价值。

然而，西方国家的虚伪政策无害于自然法的原则精神。由于在中文里"法"一般是指人为法，所以中国没有自然法的概念，但这并不妨碍我们同样拥有自然法的思想。与西方自然法相对应的中国传统概念便是天理，或者又叫天经地义。言之谓理，行之为礼。礼者，天地之节文也。所以，西方的法治在中国就是礼治。易先生惑于表面的名词之异，加之对于法治内涵的误解，未能了然于礼法之间彼此相通的内在精义，所以才会将礼治与法治分判为二。

如易先生说："礼治，是自上而下维护统治秩序的；法治，则是自下而上保护公民权利的。"此说看似有理，实则大谬。自然法的本义是自然正义，而非自然权利。何为正义？天经地义之自然秩序也。何为权利？达成此正义之手段也。礼治所维护的秩序正是此自然正义。只不过易先生不相信此为正义，便污之为"统治秩序"，实则乃自然秩序也。易先生不相信自然正义却津津乐道于公民权利，以致在目的与手段之间舍本逐末迷失了方向。譬如言论是公民的权利，但"天下有道则庶人不议"。在有道之盛世，公民的这项权利措而不用，岂不是更好？说白了，权利只是正义得不到保证的时候个人退而求其次的自救手段。一个好的治理模式，不光是给公民以权利，更重要的是为公民提供正义的结果。

以上既已证明礼法不二，那么易先生的第二条反驳理由也就毫无必要了。至于易先生断言的"法治不会介入私人空间，只会限制政府权力"，似乎可以举出国外许多"有趣"的法律条文来加以证伪。如不允许在自家院子里晾晒衣服、男女接吻不得超过多长时间等。好在现在网络发达，有兴趣者一搜索便可知晓，也就无须我来回应了。

虽然我们说法治与礼治名异实同，但大多数人还是会有疑惑。因为在他们的印象里，礼治实行的是差等原则，而法治实行的是平等原则，如此来看二者又怎会是一样呢？估计我们的易先生便是据此"常识"而断定孔夫子没有开启平等大门的，因为你孔子分明是主张等级制的嘛。殊不知，法治思想在其更长的历史中也是主张等级制的。为了说明这个问题，我们有必要区分一下对于自然法的两种理解：古代的自然正义观和近代的自然权利观。前者主张等级制，只有后者才主张平等。

自然正义观认为，自然本身呈现给我们的便是次第展开、错落有致的和谐秩序，因此自然正义也就是要维护这种和谐，让千差万别的事物各司其职、各安其位。孟子说："物之不齐，物之情也。""等"本身是一种自然现象，如年龄、性别、德性、才学，为什么非要把这一切自然差异人为地抹平呢？而且"等"也是社会分工的必然要求，不论是易先生所说的君臣对等，还是天子、诸侯、大夫、士的职位分类，都是社会治理不可或缺的制度安排。即便是今天号称平等的西方民主国家，不也是要有行政级别划分吗？不顾事实的抽象平等本身便是一个人造的神话，是对自然差异性的违背和抹杀。所以，相较平等制的人为造作，等级制是一种自然而然的社会安排。

当然，现实中的等级制也有好坏之分。好的等级制是人进步提升的阶梯，坏的等级制则是压迫、奴役人的工具；好的等级制多是德性、才学、年龄的区分，坏的等级制多是出身、财富、权势的比量；好的等级制一般是流动性的，坏的等级制大多是封闭性的。为了反对坏的等级制而彻底否定自然的差异性，近代的自然权利学说把"各正性命，保合太和"的自然正义原则转换成天赋人权的权利学说，进而制造出抽象的个人平等。但若从自然的事实来看，差等才是自然现象，平等不过是一个虚幻的人造物。

外在的形式平等固然是不可取的，但内在的实质平等是值得追求的。这也就是孔子在大同理想中所向往的"人人皆有士君子之行"，以及后世儒家所讲的"途之人皆可为尧舜"。只不过与自然权利说的外在平等、起点平等和人格平等不同，孔子和儒家所追求的是内在平等、终点平等和人性平等。因为人性皆善，一旦复归本性，自然人人平等。但复性需要一个学习的过程，更需要一个次第的阶梯，这就如同学校教育中的年级设置一样。所以，这个过程的时间性就会投射为空间上的等级制形式，而等级制正是通向最终德性平等的必要途径。

再说，儒家一直是礼乐并举的，礼别异，乐和同。礼代表了差异性原则，乐代表了和合性原则，礼乐有分有合，相辅相成，共同塑造着中国人的社会生活。在礼乐一体观念下来看，孔子立足于自然的现实，恰恰是以等级制的形式为后来者开启了通往真正平等的大门。只不过这里的"平等"二字不是肤浅地、抽象地写在门上，而是安放在穿越大门的路尽头。以平等非议儒家的易先生，为什么只盯着礼的别异，却看不到乐的和同呢？这种片面的认识注定易先生的第三条反驳又一次落空了。

最后，让我们总结一下：君臣关系不是人为的契约关系，而是比之更高级的自然关系；礼治不仅划出了自由空间，更是正义的保障；孔子不是用抽象的平等去糊弄人，而是以差等的阶梯去接引人。这样的孔子离奇吗？

现代化困境下的儒法调和

——评熊十力先生的《韩非子评论，与友人论张江陵》[①]

《韩非子评论》原题《正韩》，是抗日战争前夕熊十力先生在杭州西湖为胡哲敷先生讲解《韩非子》的一个记录整理，曾以胡先生之名发表在 1950 年 1 月的《学原》杂志第 3 卷第 1 期上，但并于 1949 年年底在香港出版单行本。此书虽非熊先生亲笔所作，但发表前经过了熊先生的手订，应该说代表了熊先生本人的见解。故这次也收在了最新出版的"十力丛书"里。

《与友人论张江陵》则写于 1950 年夏秋，已是上书发表之后。或许是熊先生校订上书之后兴意未尽，故在与友人通信中接续谈起，怎知一发而不可收，竟敷衍成了一卷新稿。同年冬，熊先生将其自行刊印行世，可见其对本书之重视和自珍。

两书所谈之对象相距近两千年，内容自然有所差异，但其间所贯穿之熊先生的问题意识却是一脉相通的，即使就内容而言也并非毫无关联。韩非子是公认的先秦法家之集大成者，而张江陵（居正）亦往往为后世史家视为儒表法里的权相。若以流行观点来看，一为法家之理论家，一为法家之实干家，虽远隔千年却大有干系。而熊先生正是要在此处辨其是非。所以这次两书合订为一本书出版，不无其中之道理。

通观两书主旨，熊先生之共通的思路便是要在近代中国不断面对现代化挑战的困境下重新梳理、定位儒法关系，以期走出一条中

---

① 熊十力. 十力丛书·韩非子评论，与友人论张江陵 [M]. 上海：上海书店出版社，2007.

国文化的图存复兴之路。当然，在写作形式上熊先生完全是站在儒家立场来评判法家思想。其基本态度是"本儒家公诚之精神，而运以法家严综核之作用"①，尽量调和儒法关系，力求以儒正法、以法辅儒、儒体法用、固国安民。

两书虽有一贯之宗旨，但亦有破立之分工。《韩非子评论》着重于破法家之非，以儒家之精义格正其大旨之邪失，同时亦肯定其严法综核之功用。而《与友人论张江陵》则重在立起张居正这个融通儒法、儒体法用的正面典型，为这位事功卓著的宰相平反已蒙诟数百年之久的冤案。翻案，尤其翻这个早已做死的陈年公案，不光是为了立起一个张居正，更重要的是要借此而立起一种新的儒法关系，还原一个生生不已、自强不息的儒家本相。通过援法入儒进而矫正宋儒以来"严于治心而疏于格物"的心性独善之偏，从而把事功这一面重新纳入儒家的视野，这样才可能应对现代化的挑战，才可能实现儒家保民育民的政教理想。要之，两书虽一破一立，但破中有立，立中有破，彼此参看，前后印合，方可有助于了解熊先生之全意。

熊先生当年讲解《韩非子》之时正值日寇大举入侵前夕，面对强敌之昭昭野心，国家却内乱未靖，国事昏聩，真真有朝不保夕之虞。这与韩非子当日著书的背景何其相似也。韩非身为韩国之王族公子，眼看着强秦一步步实施其吞并六国的计划，而韩国则首当其冲。如书中所言，"韩非亟于救韩之亡，思以极权振起"②，"韩非志在霸王之业，而其情则亟于救国"③。或许这正是熊先生那时选择讲《韩非子》的历史机缘吧。

韩非虽学于荀子，本乎儒家，却并没有相信儒家那套仁义道德

---

① 熊十力. 十力丛书·韩非子评论, 与友人论张江陵 [M]. 上海: 上海书店出版社, 2007: 108.

② 熊十力. 十力丛书·韩非子评论, 与友人论张江陵 [M]. 上海: 上海书店出版社, 2007: 45.

③ 熊十力. 十力丛书·韩非子评论, 与友人论张江陵 [M]. 上海: 上海书店出版社, 2007: 79.

的"迂阔之谈"，倒是战国时代的严峻形势把他教育成了一个政治上不折不扣的现实主义者。所谓"上古竞于道德，中世逐于智谋，当今争于气力"（《韩非子·五蠹》），便是他的历史哲学和政治哲学。所以，熊先生说："韩非纯是国家主义，其鞭策人民于耕战，与今世霸国戮力生产与军备如出一辙，但不惜禁锢人民思想，摧抑人民节概，此则不为社会留元气，未可为训。"①

恰是在这一点上，熊先生首先就严明了儒法之间的根本区别。儒家本乎天地生生之德，依于人类亲亲之仁，出其至诚至公之心，保民育民，化成天下，所谓"修己以安人，修己以安百姓"（《论语·宪问》）者是也。这与法家以百姓为刍狗、为富国强兵谋取霸业之工具的暴民、愚民思想截然相反。简言之，儒家主民贵君轻，而法家则主君贵民轻，一则以民为国之根本，一则以民为国之资本。此儒法两家之大关节处，诚不可不辨也。

据此熊先生进一步指出，韩非其实并非法家之正统，其书所言只是阴深、险忍之霸术，不过一法术家耳。晚周法家正统盖原本《春秋》之大义而发挥民主思想者也。韩非之法是其君主依其统治之便利宰制百姓之工具，而《春秋》所立之法是顺乎人情、依乎民意、出乎公义之天下公权，其主旨在"贬天子、退诸侯、讨大夫，绝不许居上位窃大柄者以私意制法而强民众以必从"②。故《春秋》之大经大法才是正法、公法，韩非之法不过是邪法、私法而已。这一区分就为后来之援法入儒、儒体法用确立了经典上的依据，并为张居正平反正名预先张本。

韩非因亟于救国图存便持其"一孔政策"（以富强图霸为唯一目的），驱陷百姓于耕战，以近乎军事化的管理厉行统制，逞智用术、图强争霸，竞务于外而内少仁心。以此立国，虽可收效于一时，但待其富强而霸之后又将怎样呢？这样的国家一旦失去了外在的敌国，

---

① 熊十力. 十力丛书·韩非子评论，与友人论张江陵 [M]. 上海：上海书店出版社，2007：9.

② 熊十力. 十力丛书·韩非子评论，与友人论张江陵 [M]. 上海：上海书店出版社，2007：8.

没有了征服的对象，便会失去其立国的根基和意义。秦朝之所以速亡就在于它统一六国之后不知所从，故继续其穷奢极欲的统治方式，结果逼起民反，得了土地却丢了民心，终于失掉了天下。此诚立国主旨一味外务而不知内守之咎也。今日之帝国主义同样是此种外务心态，常常需要找一个敌国来作对手，似乎只有以敌人之存在才能印证其自身之意义和价值，否则整个国家便失去了目标，不知道该往何处走。

熊先生洞察于这种政治观——国家观的危险性，一本其儒家精神，绝不为直寻而枉尺，虽同样面对亡国之祸，仍不许韩非之"一孔政策"，可见其持论之正。在他看来，儒法之别其根本并不在于法的形式，而在于其法意之指向。法本身并无好坏，它只是一种手段，关键要看用它指向怎样的目的，正是其目的规约其手段的善恶。故韩非之法因其目的指向富强争霸，必然要钳制人民，是恶法；儒家之法因其指向保育百姓，自然要限制君权，是善法。儒家在目的上之善政指向正好可以矫正韩非之法在手段上的恶性，使之归于善果，为民所用。这就像市场经济一样，市场只是手段，资本主义能用，社会主义也能用，关键要看它是为谁所用。此处，熊先生与邓先生的思路是一致的。

熊先生"虽绳治韩子之短而未尝不择取其长也"[1]，这一点更多体现在其对张江陵的高度评价上。"二三千年间政治家，真有社会主义之精神而以法令裁抑统治层、庇佑天下贫民者，江陵一人而已。"[2] 如此高的评价，真可与孔夫子盛赞管仲"如其仁！如其仁"相比肩了。

以熊先生看，内圣外王是一体之两面，心物本非二片。不管是大乘佛家还是原始儒家，皆观空而不耽于空，"不舍事而求悟，故乃即事见理，亦知即理成事"[3]，以其出世的态度转成经世之精神。若燧人

---

[1]　熊十力. 十力丛书·韩非子评论，与友人论张江陵 [M]. 上海：上海书店出版社，2007：79.

[2]　熊十力. 十力丛书·韩非子评论，与友人论张江陵 [M]. 上海：上海书店出版社，2007：96.

[3]　熊十力. 十力丛书·韩非子评论，与友人论张江陵 [M]. 上海：上海书店出版社，2007：152.

氏取火以化腥臊、神农氏尝草以去疾病、有巢氏筑屋以避风雨、大禹氏导水以离湿涝，皆有术之君建功业于黎民者也。无奈"汉以来儒者，只管说三代圣人以道为治，而不言圣人有术，则圣人几成笨物矣。其实圣人自有术，但其用术始终不违道，所以为圣人之治"①也。此一语真可谓震天狮子吼，彻底击碎明清以来一班腐儒陋儒甚或奴儒之偏见，揭橥出原始儒家之真精神。

以此来看江陵，"其综核之严，虽采法家作用，而其创制立法本旨确是儒家精神，与法家无相似处"②。韩非之术原本于道家，故其冷静之慧多而恻怛之诚少，"纯恃机诈以驭人，是残忍之术也"③。儒家则不然，用术皆出于正，乃以复人之性、通人之情为主，要在养其天德。故熊先生直以"尊主庇民"四个字来总括江陵之法治思想，以此明其儒家之宗旨。

江陵之尊主自与法家不同。"商、韩诸法家所云尊主，则坚持人主得行政极权耳。而江陵尊主，却是虚君制，尊之以天神，而处无为之地。行政大权操于宰相。"④熊先生甚至谓"江陵此等思想颇近于虚君共和"⑤，直与现代民主思想相对接。

正因其虚君，故大权操之于宰相，江陵因此不免有权相之讥。但其宰相独裁一是皆以庇民为本，秉持"儒家保育主义"⑥之政治理想，所谓"政在宜民"者是也。孟子曰："有伊尹之志则可，无伊尹之志则篡也。"（《孟子·尽心上》）因此，熊先生以同情之了解说道："余故谓江陵独裁，但在行政方面力矫因循与姑息等弊，

① 熊十力. 十力丛书·韩非子评论，与友人论张江陵 [M]. 上海：上海书店出版社，2007：32.

② 熊十力. 十力丛书·韩非子评论，与友人论张江陵 [M]. 上海：上海书店出版社，2007：125.

③ 熊十力. 十力丛书·韩非子评论，与友人论张江陵 [M]. 上海：上海书店出版社，2007：38-39.

④ 熊十力. 十力丛书·韩非子评论，与友人论张江陵 [M]. 上海：上海书店出版社，2007：181.

⑤ 熊十力. 十力丛书·韩非子评论，与友人论张江陵 [M]. 上海：上海书店出版社，2007：119.

⑥ 熊十力. 十力丛书·韩非子评论，与友人论张江陵 [M]. 上海：上海书店出版社，2007：41.

不得不尊首长之威权以严行综核，信赏必罚，肃清贪污无能，涤除蠹国病民之毒。至其立法，则以遵循民意为主，未尝为一切束缚之法，如商鞅、秦孝、韩非、吕政之所为也。"①此真乃持平之论。

以熊先生洞见，江陵之治是以崇法为扶衰救弊之本②，以保民为立国之本③，以整军为图强之本④，"明法以任官，循名实而定是非，因参验而审言辞，皆万世不易之论。中国不由此道而欲救亡为治，是犹以足搔顶，愈不几也"⑤。所谓治乱世不可不用重典。明末承嘉靖朝之弊，内忧外患，颠顿无方，幸赖江陵十年严法之治才得以喘息。江陵一死，其法尽废，大明王朝亦不数年而亡矣。

近代以来，中华民族更是面临三千年未有之变局，屡蒙外辱，生灵涂炭。至日寇侵华，更是全民族到了最危险之时刻。究其本因，对外之丧权辱国甚或社稷不保实皆起于内政之不修、纲纪之败坏，正所谓人必自辱而后人辱之也。熊先生站在儒家立场，悲感于国家民族所面对之现代化困境，既要不失其儒家关怀，更要应时而作、解民倒悬，于是创此儒法调和、儒体法用之说，以期有补于当世。依熊先生所见，"唯儒家精神，以仁与礼涵育群生，可以扶植衰微之族类而复其元气。唯法家作用，综核名实，可以荡除两千余年政治上之贪污与姑息，而小民始免侵欺之患，可以养成其参政能力。"⑥

熊先生本于当世之现代化挑战，既不固守于心性空谈，亦不单恃乎法术诈力，而是有经有权，调和儒法，与时通变又不离其宗。其本旨在解决康有为所说的保国、保种的问题。今天的中国已经足

① 熊十力. 十力丛书·韩非子评论，与友人论张江陵 [M]. 上海：上海书店出版社，2007：162.
② 熊十力. 十力丛书·韩非子评论，与友人论张江陵 [M]. 上海：上海书店出版社，2007：132.
③ 熊十力. 十力丛书·韩非子评论，与友人论张江陵 [M]. 上海：上海书店出版社，2007：134.
④ 熊十力. 十力丛书·韩非子评论，与友人论张江陵 [M]. 上海：上海书店出版社，2007：141.
⑤ 熊十力. 十力丛书·韩非子评论，与友人论张江陵 [M]. 上海：上海书店出版社，2007：50.
⑥ 熊十力. 十力丛书·韩非子评论，与友人论张江陵 [M]. 上海：上海书店出版社，2007：125-126.

够强大，远离了亡国之患，但富强最初不过是为了救亡图存而已，它并不能解决安民乐生的问题。熊先生之意是以法固国，以儒安民，法可逆取严治，儒则顺守化成，国富民强最后的目标不过是为了国泰民安。富、强只是手段，泰、安才是归宿。富、强不免有与人比较的争胜之心，泰、安才是自家本分的立命根底。所以我们不仅要建设一个富强的中国，更要建设一个道德的中国，但这道德绝不是康德那种冷冰冰的理性道德，而是我们传统中有情有义的伦理道德。

熊先生心中的政教理想概言之可谓儒法调和互补，本儒家之公诚，运法家之综核。如果说当年面对国族之存亡危机需要援法入儒来救亡图存，那么今日中国面临中华民族伟大复兴的新时代任务，需要的则是援儒入法，对内平章百姓，对外协和万邦，如是方可谓继承熊先生之真精神。

熊先生在其《十力语要》中曾说："吾国今日所急需者，思想独立，学术独立，精神独立，依自不依他，高视阔步，而游乎广天博地之间，空诸依傍，自诚自明，以此自树，将为世界文化开发新生命，岂唯自救而已哉？"如是超迈之气概，如是卓绝之见识，真大哲也！

再论儒家安顿女性[①]

一、历史上的纳妾制

讲到儒家安顿女性问题，历史上的纳妾制并不是关键所在，但既然大家对此比较感兴趣，那我们不妨先从这样一个边缘性的小问题谈起。

夫妻经由婚礼组成家庭，本身即是对男女双方之情欲的双向约束，作为婚姻之补充制度的纳妾也是一样。现代人一提到纳妾，首先联想到的就是民国军阀的姨太太、近代港台阔商的小老婆，抑或是小说《金瓶梅》或电影《大红灯笼高高挂》，以为纳妾就是有钱任性、喜新厌旧、争风吃醋、荒淫无度。殊不知这些恰是不符合纳妾礼制的非法无度行为。按照古礼，纳妾有着严格的等级限制：天子一娶十二女（一说天子一娶九女），诸侯一娶九女，大夫一妻二妾，士一妻一妾，庶人有妻无妾。这里不仅有数量的规定，而且还有时间的规定。所谓"一娶"，就是一次性迎娶，纳妾与娶妻是同时进行的，媵妾作为陪嫁由女方确定，男方是不可以挑选美丑的，这与后世的买妾以色大为不同。换言之，在婚娶的六礼程序中，即便贵为天子与诸侯，也不能单凭个人的审美喜好来选妃，更不可能在规定的妻

① 两个月前，蒋庆先生一篇题为《只有儒家能够安顿现代女性》的访谈在网络上一石激起千层浪，引发各方热议。本篇是接着蒋先生的题目来谈，故名之为《再论儒家安顿女性》。

妾之外再纳妾。《白虎通义·嫁娶》有言:"必一娶者何? 防淫泆也,为其弃德嗜色,故一娶而已。人君无再娶之义也。"由此可见,以为纳妾就是可以见一个爱一个,随时将小三合法地领回家,这是极其严重的误解。至于说后代皇帝制下的三宫六院七十二嫔妃,那完全是古文经学家对经典误读的结果,将原本作为后宫女官制的"一后、三夫人、九嫔、二十七世妇、八十一御妻"错误地理解为皇帝一人的后宫妃嫔。其实今文经学家对此早有清醒的认识。《白虎通义·嫁娶》在谈到为何天子、诸侯最多只娶九女时给出的理由是:"娶九女,亦足以承君施也。九而无子,百亦无益也。"这里体现了汉人对上天之敬畏,又可防止人君假借子嗣的名义广纳美色。

到了后世,出于传宗接代的考虑,纳妾渐渐对庶民开放,但《大明律》仍规定,庶民四十无子方许纳妾一人,违者笞四十。《大明会典》规定得更细:"世子、郡王选婚之后,二十五岁,嫡配无出,具启亲王转奏长史司,仍申呈巡按御史核实具奏,于良家女内选娶二人,以后不拘嫡庶,如生有子,则止于二妾;至三十岁,复无出,方许仍前奏,选足四妾。长子及将军、中尉,选婚之后,年三十岁,嫡配无出,照例具奏,选娶一人,以后不拘嫡庶,如有生子,则止于一妾;至三十五,复无出,方许仍前奏,长子及将军娶足三妾,中尉娶足二妾。"宗室纳妾尚且如此严格,其余官宦可想而知。一直到清朝乾隆五年,法律里才删除了对官民纳妾的明文限制。此后,朝廷基本上对官民纳妾采取放任态度,这才产生了我们在清末民初所看到的种种纳妾乱象。所以在古代的绝大多数时间里,纳妾并不是有钱即可任性之举,而是有着严格的限制规定。

在义理上,儒家是主张节制欲望的,既不会灭情,也不会纵情,而是要发乎情止乎礼。孔子曾说:"于止,知其所止,可以人而不如鸟乎?"《檀弓》亦言:"有直情而径行者,戎狄之道也。"真正的文明之道应该是《礼运》所说的:"人情者,圣王之田也,修礼以耕之,陈义以种之,讲学以耨之,本仁以聚之,播乐以安之。"儒家不赞成以满足生理欲望或地位炫耀之目的的纳妾。依照阴阳匹配之道,儒家其实更主张一夫一妻制，纳妾只是出于扩大生育目的而设置的附属于夫妻之道的辅助性制度。所以从历史的角度来看,纳妾属于权礼,而不是经礼。

二、回归家庭是对女性最好的安顿

所谓安顿也即安身立命。借用现代西方哲学的概念来分析，安身属于生存问题，立命则属于存在问题。生存主要涉及经济水平，存在则关乎价值意义。前者提供的是生存保障，后者给予的则是生命皈依。如果说西方人是向死而生的话，中国人可以算作向生而死。人寿有限却不惧怕死亡，其背后恰是安身立命之所在。现代人津津乐道的经济独立只能帮助女性安身，却不足以立命。

古希腊人推崇城邦而贬低家庭，因为城邦带给人平等和自由，而家庭则是一个无法摆脱必然性支配的自然领域，家庭成员对于家长具有人身依附的从属性。现代人为了维护自由连城邦／国家也一并贬低，认为它是大权在握的利维坦，是必要的恶，需要时时加以提防。于是，国和家之外的社会成为新的宠儿。实际上社会与市场是两个不同的领域，市场中的人与人是一种简单的交易关系，社会中的人与人是一种基于血缘、地缘、业缘、学缘等多重纽带组合起来的复杂的伦理关系。

中国人对于家、国、社会的认识与西方大为不同。《大学》云："修身，齐家，治国，平天下。"这里的身、家、国、天下是一体同贯的关系，没有西方那种家庭与城邦或者国家与社会的对立。现代人很多时候常常把国家与政府混为一谈，实际上国家是总名，政府只是国家的一部分。若以一个公式来表示的话，国家＝政府＋社会＋市场。市场是一个互通有无的交换场所，其目的在赢利；政府是一个劳心者治人的管理场所，其目的在正义；社会则是一个敦叙人伦的自治场所，其目的在情谊。三者合在一起才是一个完整的国家。而所谓国家，必以家为国之基础。家庭是人类最原生和最基本的社会组织，脱离家庭的社会是不完整的社会。先秦大宗时代的家即大夫之世家，后世小宗时代的家则为五服以内之家族。

如果说社会是一株枝叶繁茂的大树，那么家就是大树的根。挖断了树根，大树终将枯萎。荀子有言："不积跬步无以至千里，不积小流无以成江海。"同理，我们可以说："不经营家庭无以建设社会，不建设社会无以成就国家。"儒家就是这样一种思想的力量，它可以帮助我们反思现代化的种种弊病与代价，重新认识家庭的人生价值，使得女性学会收敛身心，重新回归家庭，打造生命的安顿之所。儒家为什么能安顿女性？因为它不仅可以为女性的自我定位指明方向，更可以把男人培养成君子，为女性提供更有责任感和担当精神的大丈夫。儒家如何安顿女性？靠的是切切实实的礼法重建，为女性回归家庭提供安全的制度保障。如郑重婚姻之礼，端正夫妇之道，实行家产共有，确立内外分工，等等。

国家国家，顾名思义，国与家缺一不可。国是放大的家，家是缩小的国，二者本来就是连续体的关系，而不是竞争对立的关系。国与家就好比足球队里的前锋与守门员，抑或战争中的作战部队和后勤部队，二者虽然分工不同，但其地位同等重要。所以古代才会有封妻荫子的奖励和荣誉制度，今天的军歌里才会唱"军功章上有你的一半也有我的一半"。

古代求忠臣必于孝子之门。孔子的学生有子说："孝悌也者，其为仁之本与？"作为现代人，既要爱国，也要爱家。在程度上或许爱国重于爱家，但在次序上则应是爱家先于爱国。不论是就夫妻关系来说，还是就父子（母子）关系而言，家给我们提供的是天伦之乐。一个好儿子、好父亲、好丈夫、好兄弟、好领导、好下属，加在一起才是一个好男人。同样，一个好女儿、好媳妇、好母亲、好妻子、好姐妹，加在一起才是一个好女人。家庭之内的男女互相依靠不是什么丢人的事，谈不上主体的自我矮化，而恰是乾坤并建、阴阳互根的和谐共生之道。不论男女，缺少了另一半的人生，总是有所遗憾的。

再说，平等不是无差别，对男女性别差异的尊重，让彼此各正性命，这本身就是自然之道。人为地抹平这种自然差异才是最大的歧视与伤害。儒家让我们摆脱不符合实际的抽象同质思维，回到自然事实本身来思考我们的生存状况。正视自然事实，差别对待男女，据此提出男女有别、夫妇有别的原则，同时亦注意阴阳一体、夫妻一体的胖合，这才是有分有合、辨证统一之道。儒家之安顿女性，就是让她们有家可回，有家可依，男有分女有归。传统社会的家庭虽然强调男主外女主内，但女性并非不参与劳动，如男耕女织、采采卷耳，女性同样是不可或缺的一员。只是她们不太凸出个人，而一切以家这个共同体为重，家的成就和荣誉便是个人的成就和荣誉。在传统的家产共有制基础上，婚姻具有强韧的稳固性。所谓七出三不去的原则，对离婚做了严格的规定。古代的男女既没有结婚的自由，也没有离婚的自由，一切皆依礼法行事。而现代男女，在婚姻的离合上自由太多，过于随意，以至于家庭的根基不稳。自由固然珍贵，但亦不可过度，否则过犹不及。过度的自由不但不能增进人的幸福，反而会破坏人生的安顿。自由不是不受约束，而是礼法之内的不逾矩。如何在自由与礼法之间取一个中道，这或许是儒家在安顿女性的过程中需要因时损益的一个课题。

乡贤制的定位

与现代西方标榜民主的天赋人权论和主权契约论不同，中国传统的政治哲学是一种诚实的贤能－精英论。孟子曰："天之生斯民也，使先知觉后知，使先觉觉后觉。"人与人在知－觉上的先后差异是抽象的平等理论所无法遮盖的经验事实。基于此，《尚书》云："天佑下民，作之君，作之师。"君－师就是负责引领大众的先知先觉者。其实不论古今中外，任何政治最终都避免不了精英主导的结构，即便是号称民主的代议制，也只是民主其表、精英其里的"选主"制。

对于现代政治而言，没有民众的参与是不可想象的，尤其是在城市这类陌生人社会。但与此同时，民众的参与也不应该是无限度的，其目的只能是对精英治理进行辅助补充而非越俎代庖。换言之，有效的民众参与一定是以高质量的精英主导为前提，这才是所谓民主集中制的完整结构。

与一般的知识精英、财富精英不同，乡贤除了具备一定的知识水平和财富基础之外，本质上是德行精英。在传统语汇中，贤不同于能。能是指一种才干，如带头致富、自主创业等。贤则指人格操守、声望品行。作为熟人社会的伦理楷模，乡贤以其道德权威来影响和教化社区内的民众。在整个乡村治理结构中，乡贤的定位应该是维护公序良俗、安顿世道人心，而不是发展农村经济、提高农民收入。近二三十年乡村治理的最大不足就是片面强调一切向钱看，以GDP为纲，从而忽视了经济之外的社会建设。欲拨乱反正首先就要摆脱以经济建设为中心的旧思维，真正落实五位一体全面发展的新战略。

　　只有以德统才、以贤御能的治理结构才能重建乡村社会的伦理－心理秩序。至于如何克服城乡两极分化，则是涉及整个经济政策调整的战略问题，而不是小小的乡贤制所能承担的职责。此外，如何培育和选拔在地乡贤，如何协调和处理乡贤与基层党组织的关系，都是关乎乡贤制能否成功的关键所在。总之，乡贤制不是起死回生的灵丹妙药，只有对之进行恰当定位，才能发挥其长处，避免不切实际的奢望。

从富人走向贵族

——君子的投资之道（一）

投资的目的是什么？对于现代理财学来说，这个问题似乎太简单，以至于根本不需要回答，甚至都不需要提问，因为这已经是现代经济学的基本常识了。凭借着这种常识，大部分现代人都晓得，投资是规避通货膨胀风险的一种理财手段。作为理财的投资无非有两个目的：一个是消极的资产保值，至少不缩水；另一个是积极的资产增值，最好有盈利。消极目标只是用来保底的心理底线，绝大部分投资者都是一种积极的进取心态。按照现代经济学的观点，资本之为资本就是要在流通中不断地生息，用学术术语来说是保值增值，用通俗的话来说那就是两个字——赚钱。但赚钱果真是投资的目的吗？抑或赚钱只不过是通往最终目的的一个中间环节而已？在这个关于投资的第一问题上，恰恰需要我们好好反思一下现代经济学的思维模式。

所谓目的也就是最终的诉求、最后的归宿，千军万马止步于此。可赚钱显然不具备这种终点性，至少赚钱的目的之一是为了花钱以改善自己的生活境况。不过俗话说得好，"广厦千间，夜眠七尺"，超出个人消费极限的钱只具有抽象的数字意义，可现实中人们的赚钱欲望似乎并未因此而停止，可见纯粹物质性的花钱消费也不是投资的最终目的。那么，投资的真正目的到底是什么呢？一百多年前德国的社会学家马克斯·韦伯曾给出一个崇高的答案：为了向上帝展现自己的优秀，以此证明自己具备成为上帝选民的资格。在韦伯看来，正是这种精神性的新教伦理才推动了欧洲资本主义的兴起，而这种资本家的典型形象就是巴尔扎克笔下的那个吝啬的守财奴——葛朗台。正是出于精神性的追求，葛朗台才会一方面在物质生活上极端地节俭吝啬，另一方面却又极端地在乎财富的数字累计。

那么，传统的中国人又是如何看待投资的目的呢？这就需要我们回到中国人自己安身立命的精神家园和意义世界里来追根溯源了。在佛教传入中国之前，我们没有生死轮回的观念；在基督教传入中国之前，我们也没有末日审判的观念。在我们的祖先看来，人死之后，六魄入地，七魂升天，形体虽藏，元神不灭。故对一个人而言，死亡并不是最终的消灭，而只是一种离开；生是死的延续，而死是生之外的另一种存在方式，祭祀则是沟通阴阳两界的方式与途径。因此，古代丧祭之礼特别讲究事死如事生，事亡如事存。孔子说："祭如在，祭神如神在。"祭祀之时，灌酒迎神，如其临在，祝以飨神，嘏以赐福，神人沟通，承天之祜，以此致意思慕之情也。

比如，清明节的扫墓就是这样一种礼义的遗存。孔子在回答学生问什么是孝时，说："生，事之以礼；死，葬之以礼，祭之以礼。"以礼事亲，不论生死，这才是大孝。春天主生发之意，在这样一个生机盎然的季节来祭祀祖先，其基调已不是阴阳两隔的伤感，而是生死沟通的喜悦，绵延不断、生生不息的家族后代借助祭祀来告慰祖先的在天之灵。正是在这一生死可以对话的家族时空连续体中，每一个人为自己定位，进而获得生命的意义安排。就个人而言，每个生命体是有限的，但一个家族在其子孙继替的血缘传承中却可以获得永存，这方面最好的例子就是孔氏家族。作为孔子的后裔，其家族已经延续了八十多代、二千五百余年，堪称人类历史的一个奇迹。如今其族裔除中国大陆外更遍布全世界，数量有三百余万人之众，孔氏家族的历代祖先依旧享受着其子孙后代的血食祭祀。

因此，中国文化历来特别强调孝道。《孝经》有云："身体发肤，受之父母，不敢毁伤，孝之始也；立身行道，扬名于后世，以显父母，孝之终也。"其实孝道不止于父母，自仁率亲，等而上之至于祖，而姓氏、族谱、祠堂便是一个家族的徽志和历史。西方是光秃秃的个人直接面对上帝，所以资本家的财富积累是为了向上帝邀宠、彰显神的荣耀；中国则是修身齐家治国平天下的一以贯之、次第展开，每个人首先要面对自己的父母、自己的家族，所以赚钱是为了向父母尽孝、光耀门第。在这种家族观念下，中国的传统式婚姻不推崇个人感情至上，而是强调合二姓之好，上以奉宗庙，下以继后世。作为百善之先，孝道不仅是一种伦理规范，更支撑起中国人的意义世界。孔子的学生有子就曾发出过这样的感叹："孝弟也者，其为人之本与？"

中国人有句吉祥话叫"五福临门"，短短四个字便概括了我们传统的幸福观。这里的五福出自《尚书·洪范篇》，具体是指寿、富、康宁、攸好德、考终命，其中的第二个就是财富的富。在我们的传统意识里，财富不光是可量化的、占有性和支配性的权力，更可以转化为精神性、伦理性的家族荣耀。不论是衣锦还乡还是富甲一方，远远超越生理需求之外的巨大财富积累可以成为光宗耀祖的重要资本。

绕了一大圈，其实我是想为大家展现这样一个逻辑顺序：投资是为了赚钱，赚钱是为了花钱，可钱花不完了为什么还赚钱呢？那是为了荣耀，为了获得他人的尊重和承认，这才是投资的真正目的。这里的承认不是黑格尔讲的个体之间承认的斗争，而是和家族密切相关的荣耀。《弟子规》有言："身有伤，贻亲忧，德有伤，贻亲羞。"个人与父母、家族是荣辱与共的一体。但现实中不是光有财富就能赢得尊重和承认，有些人财富越多蒙受的憎恨和蔑视反而越重，这又是为什么呢？主要还是其资财取之不正、为富不仁所致。因此，带来荣耀的财富一定要具备两个特点：一是赚钱来路正，二是花钱仁且端。古人所说的"君子爱财、取之有道、用之有度"也正是这个意思。《大学》有言："仁者以财发身，不仁者以身发财。"一味不择手段地赚钱只会离本来的目的越来越远，而挥霍无度的花销更是暴露出自己缺乏驾驭财富的定力。

荀子曰："君子役物，小人役于物。"资本的本性是追逐利润，但作为资本的主人却不能信马由缰、唯利是图，而是应见利思义、以义制利。否则便不是我们拥有资本，而是资本控制我们，驱使我们为它打工，成为它实现其资本性的工具和奴隶。马克思讲的资本主义物对人的异化便是这个意思。在电影《让子弹飞》中，姜文饰演的张牧之有一句台词说得好，他要站着把钱赚了，而不是趴着或者跪着。如果我们的投资人时刻记住要站着赚钱、富而好礼，那么被仇视的富人也就会慢慢地变成受人尊敬的贵族。这种既富且贵的尊荣上足以光宗耀祖、下足以荫庇子孙，这才是彻上彻下的人生之道。

赌场还是道场

——君子的投资之道（二）

炒股的人都知道一句话："入市有风险，投资须谨慎"。如果说投资只是有一定风险的话，那投机简直要算得上危险了。但由于高回报率的诱惑，目前的中国资本市场却是投机心理大行其道，如痴如醉，如狂如魔。上至巍巍国企，下至黎黎庶民，普遍存在一股浮躁的情绪。在商者言商，不在商者亦商不离口，所有的人都想短平快地发财增值，一口吃成个胖子。可经济学有其自身的规律，经济活动的收益与风险往往是成正比的。但见数人笑，可闻万众哭？十年之间，中国的股市经历了过山车式的大起大落，只有少数人在这期间一夜暴富，更多的人却是乍富还贫、一夕破产。网上流传的"杨百万进去，杨白劳出来"便是这幅"当代股市流民图"的最好写照。

在今天这个资本的时代，追求利益最大化仿佛成了天经地义的经济逻辑，可经济只是人类生活的一部分而非全体。在现实中，我们不仅是个会算计的理性经济人，还是个有感情的道德人、伦理人和社会人。中国传统的《易经》智慧告诫我们，亢龙有悔、物极必反，利益最大化的反面就是利益最小化甚至最差化。所以，真正健康的投资追求的应该是利益最优化而不是最大化。所谓的最优化就是要在义与利之间实现一种最为合理的平衡，这方面我们中国的传统思想里有着几千年的智慧积累，而这其实也正是亚当·斯密在《国富论》与《道德情操论》之间所追求的平衡目标。否则，只讲经济理性而不讲道德理性，那么总有一天人类会被自己偏执的贪婪带进万劫不复的灾难深渊。

义利之辨是中国经济思想史里一个非常重要的问题，孔子曾有"君子喻于义，小人喻于利"之说，可见义利之辨在人格上也就体现为君子小人之辨。在古代中国，士农工商，四民分途，用我们现在的话说就是社会分工不同。其中农工主生产，商主流通，士主管理及战争，故士又有文士与武士之别。四民虽然职业分途，但并不因此而有阶级之分。孟子畅言性善之说，认为"人皆可为尧舜"。故君子与小人之辨不在职业而在德行。换言之，士农工商每个职业群体里都有君子小人之分，即便对于整日汲汲于利的商人，只要处理义利关系得当，亦可称得上是君子。为富未必不仁，若能取之有道、用之有度、无骄而好礼，则在商亦可成就自己的德行，后世的许多儒商便是这种人格的典范。

与孟子一样，明代的王阳明也认为"途之人皆可为尧舜"。他曾以"精金"来比喻圣人，认为精金之纯在于足色而不在斤两，就如同圣人之纯在于德行而不在财力一样。故人与人外在的本领、职业的差别无碍于其德行上的精纯齐一。以前我们曾提倡"越穷越光荣"，现今又提倡"越富越光荣"，都是在比斤两、较轻重，其实光荣与否实在是和贫富没有多大关系，关键还是看道德的高低。如美国的比尔·盖茨和巴菲特，他们的成名固然是靠巨大的财富积累起来的，但他们的美名却是靠布施财富去做慈善而赢得的。《中庸》有言："君子素其位而行，不愿乎其外。素富贵行乎富贵，素贫贱行乎贫贱，素夷狄行乎夷狄，素患难行乎患难。君子无入而不自得焉。"可见，富贵贫贱与君子之德无关。

今天在中国做投资的人虽比不上前面两位那么富有，但基本上都已经过上了富足的生活。古语说："衣食足而知荣辱，仓廪实而知礼节。"作为先富起来的一批人，在投资的时候就要有更高的道德追求，而不应该再单纯追求片面的经济利益，让自己的人生永远停留在残缺的单向度中。其实当资产超过一定数量时，单纯的财富积累对于个人已经没有任何实在的意义。接下来该怎么做？如何在财富之外来丰满自己的人格、赢得别人的尊重、实现人生的意义、留下历史的美名？这才是中国的商人在继续经营自己的财富时不得不考虑的一个人生问题。而由小人而跻于君子、由利而归于义，为这种由人而通于天的自我提升提供了一条途径。

当然，道德理性的觉醒并不是对经济理性的湮灭。作为商人，在商言商，追求利润无可厚非。只是这里的利要在义的规范之下，而不是片面之利。《易经·乾卦》曰："利者，义之和也。"这才是我们中国人讲的正利。《尚书·大禹谟》亦有言："正德、利用、厚生、惟和。"这里的"利用"便对应于我们今天的经济活动，而此前之"正德"和此后之"厚生"则从前提和目的两方面对其提出了规范性要求，三者相偕方成就最后的一个"和"字。

也许有人会反驳说："我先拼命挣钱、积累更多的财富，然后再来做慈善，那样岂不更好？"这话看着有道理，其实似是而非，还是在较量精金之斤两而忽视其足色。先做唯利是图的奸商，再做热心公益的慈善家，这样岂不造成自己人格之分裂？先犯错再弥补，何如一开始便不犯错呢？真正的君子之商应该手段与目的一致，以善至善，而不能为了目的不择手段。即便一个善的目的也不能为一个恶的手段开脱罪责，否则我们便无法避免假善以行恶的悲剧。古人云：君子爱财，取之以道，见利思义，义然后取。相比之下，布施财富固然属于善，但那已经是第二义的善了，如何取得财富才是善中之第一义。相反，见利忘义、利欲熏心者恰是小人的作为，历来为君子所不齿。明乎此，才能做到"君子役物、小人役于物"，否则财富越多越成为奴役自己的异化力量，压得自己的人性扭曲变形、不得舒展。《大学》有言："仁者以财发身，不仁者以身发财。""德者本也，财者末也。"分清本末，爱己还是爱财，这是任何一个投资者都不得不思考的一个问题。

《中庸》里有一句话："君子居易以俟命，小人行险以徼幸。"后半句恰是对舍命求财者的最好刻画。如今资本市场里的那些投机分子，不正是这样一群侥幸之徒吗？孔夫子尝说："富而可求也，虽执鞭之士，吾亦为之。如不可求，从吾所好。""富与贵，是人之所欲也，不以其道得之，不处也。贫与贱，是人之所恶也，不以其道得之，不去也。""不义而富且贵，于我如浮云。"这才是一个君子在面对财富时的平易态度：经得住诱惑，守得住底线。

人们常说"商场如战场"，虽然竞争激烈，但那至少还得靠真本事比拼。可现如今的商场越来越像赌场了，投机者短线操作、急功近利、损人利己、不劳而获。不过对有志于君子者而言，商场亦即道场，考验便在此处。《大学》有言："知止而后有定，定而后能静，静而后能安，安而后能虑，虑而后能得。"其实投资亦是如此，心有所止，才会物有所得。

下篇　文教谏言

彼此尊重才有文明和谐

在如今的中国，兴建一座基督教堂已经算不上什么大事了，因为中国人历来对个人之宗教信仰都秉持一种和而不同的包容心态。但兴建一座高达41.7米的雄伟大教堂，还是哥特式的，而且就在距离曲阜孔庙3000米的地方，却明显触动了许多中国人的心弦。从人类符号学的角度看，曲阜孔庙是中华传统文明的象征和圣地，这就像梵蒂冈之于天主教、耶路撒冷之于犹太教、麦加之于伊斯兰教一样。孔庙与教堂，中国式与哥特式，二者如此近距离的碰撞让人不禁联想起亨廷顿的文明冲突论。

但说实在的，这次让国人敏感的主要不是建筑的教堂身份，而是其高度、风格和位置。41.7米的高度，比古城最高建筑孔庙大成殿整整高出了16.9米，让人不免有来势汹汹、喧宾夺主之感；哥特式的建筑风格，明显与有着两千多年历史的三孔建筑群不相协调，有违世界文化遗产古城保护的初衷；而其距离孔庙仅3000米的位置，则加剧了这种近距离的文化碰撞。正如由郭齐勇、张祥龙、张新民、蒋庆等10位学者联署发起的《尊重中华文化圣地，停建曲阜耶教教堂——关于曲阜建造耶教大教堂的意见书》（以下简称《意见书》）所表明的那样，其实"这既不是一个法律的问题，也不是一个宗教信仰自由的问题，而是一个关乎中国人的文化情感和心理感受的问题"。

此事一石激起千层浪，短时间内就在网络上引爆了众多网民的激烈讨论。其中一位基督徒网友的留言可谓道出了问题的症结所在，他说："我作为基督徒，并不认为建个超大教堂，尤其是在不考虑当地人的文化背景和民族感情的前提下来做这事是件聪明事。这种事对于教会的发展、上帝的荣耀未见得是重要的。上帝不住人手所造的殿，他活在信他的人心中。我不知道主张做这事的是谁，我作为基督徒，却是宁愿教堂所代表的教会主动退让的。"

当然，也有些人觉得《意见书》过于小题大做了，只要修建教堂的审批手续齐全合法，那么就不能对其说三道四。但从法治思想来看，合法不光是要合乎人为法，更要合乎自然法。自然法是什么？以中国话来说就是天理、礼俗和人情。所以真正的合法还要做到合情合理，不合情合理的法律便是恶法。联想起美国"9·11"遗址要建清真寺的争论，其实是同样的问题，即人为法与自然法的协同问题暨民众的情感接受问题。

另外还有人从信仰自由和文明对话的角度对《意见书》提出了不同看法。但正如一位网友说的：个体的信仰自由不等于教团的传教自由。如我国法律规定，宗教活动只能限于宗教场所。而且信仰不等于信教，更不等同于信基督教。作为宪法性权利，信仰自由的完整含义是指公民既有信教的自由也有不信教的自由。任何宗教的传教活动都不能侵犯公民的原有信仰及其不信教的自由，更要防止教徒对非教徒的强制性传教和同化。

在这一点上，《意见书》所要维护的正是中国人旧有的本俗信仰自由，如敬天尊祖、报恩三本、礼敬先师等。对于基督教我们承认其信仰自由，但基督教也要尊重中国人的本俗信仰。基督教要在中国落地生根，必须要像佛教那样完成其自身的中国化，实现其教义与中国本土礼俗的和解共生，改变其咄咄逼人、唯我独尊的传教方式。此次的曲阜教堂事件正是这一问题的折射。

至于文明对话之说，则不免有自欺欺人之嫌。在近代激进的反传统之后，所谓的对话不过是以对死人的慷慨消费来博取活人的和谐美名罢了。再者，对话需要基本的平等地位，许多人只知道尊重外来宗教，可否尊重过自己的传统？中国要想实现伟大的民族复兴，博得世界的尊重，首先要学会尊重自己的历史传统，只有自尊而非媚外才是我们崛起的真正标志。

关于文明宽容

最近关于曲阜建教堂事件的网上争论十分热烈，赞成同情者有之，反对挖苦者也不少。在反对的诸多理由中，有一条是和孔子学院相关的。据媒体报道，近几年来中国在近 90 个国家和地区建立了 280 所孔子学院。许多人受此信息影响，本能地认为：既然中国可以向国外输出孔子思想，那为什么外来的基督教不可以在中国的曲阜建教堂呢？这不正符合儒家的"来而不往非礼也"的原则吗？

这个理由看上去很有道理，以子之矛攻子之盾，足以让那些联署《意见书》的儒生们哑口无言。还有些人以儒家的包容性来责问此次《意见书》的强烈反应，二者在思维上是一样的。但深究之下就会发现，这种理由似是而非。这就好比有一个敦厚君子，一向脾气很好、与人为善，于是有一个人欺负了他，甚至在其头上拉屎撒尿，君子稍有微词，那人便说：你不是君子么，不是有修养、温柔敦厚么，怎么受不了气和我一般见识呢？倘若欺负仁者的质问理由可以成立的话，那我们这个世界就没有公正可言了。

对于这种无赖的逻辑，耶稣可能会告诉你打左脸把右脸再递过去，老子可能会告诉你要以德报怨，而孔子则告诉你要以直报怨。许多人在以宽容论挟持儒家的时候或许忘记了，以直报怨同样是儒门的处事原则。儒家不是迂腐冬烘的受气包，而是自强不息的刚毅之士。遇到不平之事，据理力争、予以反击是再正当不过的了。宽容不是指责别人的工具，而是克己自修的法宝。自己不够宽容，却倒打一耙，指责别人不宽容，这才是问题的根源所在。

众所周知，历史上基督教的传教热情一直非常高涨，其一神教的信仰使其宗教宽容性严重不足，持剑传教的传统更是造成过惨烈的宗教战争。近代以来，基督教正是尾随着西方列强的枪炮昂然进入中国的。中国人都知道"入国问禁、入乡随俗"的道理，但西方国家的武力强势却助长了基督教的宗教傲慢，使之缺少对中国本土文化传统应有的尊重。

反观孔子学院，有些人把孔子学院和基督教堂相提并论，其实二者全无可比性。基督教堂是宗教场所，是传教组织，而孔子学院是海外汉语教学机构。《孔子学院章程》第二章关于业务范围的规定是："第十一条、孔子学院提供下列服务：（一）开展汉语教学；（二）培训汉语教师，提供汉语教学资源；（三）开展汉语考试和汉语教师资格认证；（四）提供中国教育、文化等信息咨询；（五）开展中外语言文化交流活动。"这其中可有一项是有关孔子思想的"传教"活动？

说白了，孔子学院目前跟儒家教化没有一丝一毫的关系。这一点从其归口于国家对外汉语教学领导小组办公室（简称"汉办"）也可以看出。"汉办"对它的定位是："孔子学院最重要的一项工作就是给世界各地的汉语学习者提供规范、权威的现代汉语教材；提供最正规、最主要的汉语教学渠道。"可见，把孔子学院想当然地和儒家扯上关系，以此来为基督教辩护，实在是于实无据、于理不足。

儒家与佛教、道教和谐相处了一两千年，要诀就在于彼此尊重、互相宽容，在义理上各住其位、各司其职。如以佛修心、以道养生、以儒治世之说。与基督教的出世性不同，儒家主张入世，所以在内容上二者完全可以错位互补、避免冲突。儒家并不反对基督教，关键是基督教能否尊重儒家。

民间读经教育的问题与出路

日前《人民日报》和《南方周末》南北两大媒体不约而同地报道了读经教育中的一些问题，引起了大家的高度关注。自 1998 年以来，重新兴起的读经教育走过了十六个春秋，主要是自发的民间行为，自然免不了良莠不齐和投机谋利等种种缺憾。

我相信，在追求中华民族伟大复兴的今天，像"五四"和"文革"时期那样激烈地反传统、反对读经的人不多了。但若要更好地推进儿童读经教育，我们也必须理性而真诚地直面其中暴露的一些问题。其实读经教育的问题远不止两家媒体所揭露的那些，据我一点粗浅的了解，可将其概括为经典、方法、师资、体制四大问题。

首先，经典的问题主要体现在选择文本过于庞杂。除了儒家经典外，常常还包括佛道、诸子甚至外文、基督教等典籍。如在某读经村，有的私塾要求学生在"完全不懂外语的情况下，跟着录音机朗读背诵英文的十四行诗、德文《圣经》、法文《圣经》以及日文的《论语》"，这就有些不伦不类了。用清华大学李学勤教授的话说，国学的主流是儒学，儒学的核心是经学。针对十三岁之前的儿童读经，在经典的选取上还是要以十三经和一些蒙学读物为主，不宜过于泛滥。一则学好国文才是第一位的，外语非所急也；二则高深的宗教典籍非儿童所能理解，也不符合宗教不得干涉教育的国家法律。十年前，蒋庆先生曾选编过一套十二册的《中华文化经典基础教育诵本》，内容涵盖经学、子学、理学、心学，且对应于六年制小学的十二个学期，是一套不错的读经教材。

其次，方法的问题主要表现为光有机械背诵没有义理讲解。由于单纯追求背诵的字数而不注重对经典本身的理解消化，往往造成学生背书背得浑浑噩噩、懵懵懂懂、枯燥乏味、不厌其烦，甚至产生强烈的反感和抵触情绪。孔子早就说过："学而不思则罔。"《学记》亦云：呻其占毕，多其讯，言及于数，进而不顾其安，使人不由其诚，教人不尽其才，其施之也悖，其求之也佛。要知道，背诵不等于理解，而不理解的背诵只会是令人憎恶的记忆负担，这样的学习最终培养的不仅不是传统文化的爱好者，倒可能是对传统文化充满仇恨的叛逆者。在工作中我们大人已经被各种量化考核搞得焦头烂额，又何苦以同样的手段去磨折读经的孩子呢？没背到二十或三十万字又怎样？多一点少一点又何妨？更不要说有些经典或个别篇章并不适合于背诵。一味地要求背诵只是一种老师偷懒的教学法，而这就涉及师资问题了。

再次，师资的问题主要在于门槛过低、良莠不齐。由于一时间没有足够多的师资来满足民间读经教育的需求，加之缺乏一个国家法律层面的准入标准（如公立教师资格证制度），使得一些不具备解经能力的人成了读经老师，这就难免出现只背诵不讲解的教学模式。古人云：记问之学不足以为人师。所以针对这一问题，我觉得国家教育部有责任专门设立一个读经教师资格证考试，邀请专家参考历史上的科举制设计考试规则。如此一来既可以为有志之士开辟一条就业渠道，更可以有效提升读经教育的质量水平。

最后，体制问题主要表现为民间读经教育与公立教育处于脱钩状态，无法接轨。读经教育主要针对的是十三岁以下的儿童，这个年龄段刚好处于小学义务教育阶段，但由于二者的脱节，难免造成学生在私塾教育与义务教育之间不得兼顾。且民间教育无国家财政支持，不得不收费，于是给一些居心不良者以借机敛财的空间。正像《人民日报》所言"教育绝对有别于纯粹的经济行为"，不论公立还是私立的教育，都不应该成为赚钱的工具，一旦产业化，必定偏离主旨。

百姓和政府需要什么样的官

在现代政治学看来，任何一个政治体系都是由政治结构和政治文化两部分组成的。政治结构属于有形部分，通常体现为一系列的制度和法律；政治文化则属于无形部分，是一个国家和民族精神史的心理积淀。若以人来比喻，前者类似于衣服鞋帽，后者类似于身体发肤。衣服鞋帽可以随着季节的冷暖变化而更换，而身体发肤蕴含一个国家和民族的血脉，不可轻易改变。所以任何一个政治体系，其政治结构的宏伟大厦都必须要建基在政治文化这块土地之上，否则难免有本末倒置、削足适履的危险。

换言之，一个政治制度的好坏没有绝对的标准，关键要看它是否适合当地的政治文化。就像选衣服，再时尚的服装如果不合乎自己的身材，穿起来也显不出漂亮。历史上的全面西化派和制度移植论便是没有看到这一点，盲目地羡慕外国制度，却全然不顾其是否适合我们的国情。今天许多建言政治体制改革的公共知识分子还做着类似的春秋大梦，把复杂的问题简单化，暴露出许多人政治上的不成熟和激进性。所以，我们有必要先了解一下中国的政治文化。

政治文化是一个民族在特定时期形成的一套政治态度、信仰和情感，是政治关系在人们精神领域内的投射形式。它主要由政治心理、政治思想和政治意识形态三个部分组成，其中政治心理对应的是大众政治文化，政治思想对应的是精英政治文化，而意识形态对应的则是国家对政治文化的权威阐释系统。所以要知道百姓需要什么样的官，我们就得去了解大众的政治心理；要知道政府需要什么官，我们就得去探讨国家的意识形态。

老百姓有句俗话："当官不为民做主，不如回家卖红薯。"其实这就是大众政治心理的形象概括。民间戏曲中对包青天的颂扬、民间信仰中对关公的崇拜、民间故事中对狄仁杰、寇准、王阳明等官员的神话演义，都是大众政治心理的有形沉淀。许多人或许不知道，在最古老的《尚书》里，"民主"一词的原始含义是"为民做主"，所以直到今天老百姓对民主的理解依旧是中国传统的民本思想。这体现在：老百姓需要民主不是要夺权，而是要维权；不是要执政，而是要参政；不是要程序正义，而是要实质正义。

具体来说，老百姓心目中的好官至少要具备以下四大特征。

一、两袖清风，一身正气。在老百姓看来，清廉是为官的首要条件。权力本是天下之公器，公器私用便是腐败。为了避免腐败，官员必须具备清廉的品行才能抗拒权力的诱惑，才能实践权为民所用的初衷。这就需要为官者有更高级的人生追求。过去我们常说要"甘于奉献""甘于清苦"，其关键就在一个"甘"字上。甘即是甜，不管是奉献的劳累还是清贫的辛苦都能化作甘甜，这才是乐在其中的人生大境界。无此境界的人在权力面前往往把持不住自己，最后害人害己。所以想发财可去经商创业，想奉献才来出仕做官。

另外在中国老百姓的心中，官员不光是公共事务的管理者，更是社会道德的标兵和楷模，所以凡事都讲究"上行下效"。这也要求官员自身的德行操守一定要有很高的标准，否则便不足以服众、不足以领导。孔子所言"其身正不令而从，其身不正虽令不从"说的就是这个道理。

二、仁民爱物，侠骨柔肠。与知识精英追求自主不同，老百姓追求的却是依靠，"父母官"的称呼便是这一情结的最好反映。《大学》云："民之所好好之，民之所恶恶之，是谓民之父母。"《老子》也说："圣人无心，以百姓之心为心。"这里讲的都是父母对子女的关怀和照顾。所以，只有满足老百姓的这种心理期许的才算是好官。这就需要官员"以不忍人之心行不忍人之政"，推己及人，以安百姓。做过知县的郑板桥曾有诗曰："衙斋卧听萧萧竹，疑是民间疾苦声。些小吾曹州县吏，一枝一叶总关情。"可谓深得此中味道。

三、大公无私，赤胆忠心。忠义历来是中国文化中非常崇尚的政治品质，最明显的就是遍及全球华人世界的关公崇拜，文天祥的正气歌更是传唱至今。反过来，从秦桧、吴三桂到汪精卫、陈公博，均被永远地钉在了历史的耻辱柱上，遭受后人的鄙夷和唾弃。今天的忠已不是忠于君主、忠于王朝，而是忠于国家、忠于民族、忠于人民、忠于职守。这里的义也不是简单的兄弟义气，而是"国不以利为利、以义为利"之义。这就要求官员不可"唯利是图"，一切围绕 GDP 转。政府的首要职责是公平与正义，而非 GDP 和财政收入的增长。这种忠义在日常事务中更多地体现为对事负责的精神和敢于担当的气魄，而不要遇功劳荣誉争抢上位、遇困难责任推诿逃脱。没有这种精神和气魄，即使当了官，也会被老百姓瞧不起。

四、鞠躬尽瘁，雷厉风行。官员除了清廉、仁爱、忠义的品德之外，还要有刚健的意志和办事的才干，否则只是个好人而未必是个好官。中国对于官员的评判讲究德才兼备。有德无才不足以堪大任，有才无德不足以保万民。清末中兴名臣左宗棠曾言："以霹雳手段，显菩萨心肠。"在历史上鞠躬尽瘁、任劳任怨的典型，古有蜀汉丞相诸葛亮，今有人民总理周恩来，二人都备受百姓的爱戴，鲁迅的诗句"俯首甘为孺子牛"可谓其最传神之写照。"八荣八耻"中有一条就是"以艰苦奋斗为荣，以好逸恶劳为耻"，官员们若是能身体力行而非简单地挂在嘴边，那么自然会赢得老百姓的爱戴。

以上便是对百姓心中好官标准的概括。至于政府需要什么样的官，我想政府的需要与百姓的需要不应该有矛盾。人民政府以为人民服务为宗旨，自然是以人民的愿望为指南，所以大部分跟百姓的期许差不多。这里只有一点需要指出，即政府是否需要唯上是从的官员？唯上是从固然有利于工作效率，却不利于民情的上达和信息的沟通。现代政治是开放的政治，大众参与已是不争的事实，这就需要政治系统的上下通畅。而单方向的命令主义和唯上是从最容易造成体制的僵化和弊病。所以，即便对政府而言，也不需要唯上是从的官员。政府需要的是面对百姓的需求能够解决问题的官员，而不是一味地弹压反抗、积累矛盾、使问题升级的官员。在基层百姓和上级政府之间，好的官员的角色应该是信息的传导器而不是隔热板。

祭祀与踏青偕行

　　倒春寒终于渐渐离去，田野里的油菜花已经绽放金黄，春光烂漫之际我们迎来了一年一度的清明时节。提起清明节，大多数中国人首先会想起唐代的一首诗："清明时节雨纷纷，路上行人欲断魂。借问酒家何处有？牧童遥指杏花村。"宋代的《清明上河图》所绘的郊外春意与市井繁华展现了一千多年前宋人的过节情景，这种"诗情画意"正是中国人的清明印象。

　　中国人是一个古老的农耕民族，所以有关农业生产的时令节气知识也发达得很早，清明就是这农历中的二十四节气之一。据汉代的《淮南子·天文训》记载："春分后十五日，斗指乙，则清明风至。""清明"之得名便来自于此。另外按《岁时百问》的说法："万物生长此时，皆清洁而明净，故谓之清明。"从天气上看，清明一到，气温升高，雨量增多，正是春耕春种的大好时节。故农谚有"清明前后，点瓜种豆"之说。

　　但清明不光是农业生产的节气，更是人们祭祀先祖的节日。因为按照天人合一的理念，天地之大德曰生，在这个生机勃发的清明时分，作为后世子孙亦应追念先祖的生养之德。儒家有"三本"之说，即"天地者，生之本也；先祖者，类之本也；君师者，治之本也"。为了报恩三本，我们理应感念天地、追思先祖、礼敬君师。清明的祭祖便是其中重要的一环，所以曾子说："慎终追远，民德归厚矣。"

　　不过上古时代的人死后下葬不树不封，根本没有坟墓的标识，所以也就无从扫墓祭拜。那时候对祖先祭拜的正式场合是宗庙，周代有天子七庙、诸侯五庙、大夫三庙、士一庙的礼制。庶人无庙，只得祭于寝。直到今天，我们在一些农村人家的堂屋中还能看到所供奉的祖先牌位。大概是到秦始皇之后，因其在皇陵建有陵寝，遂产生了墓祭的制度。此后汉承秦制，逐渐由上层的贵族制度流变为下层的民间习俗，至唐代则被官方正式承认，纳入了礼制。

按照古代的习俗，扫墓时人们要携带酒食果品、香烛纸钱等物品到墓地，将食物供祭在亲人墓前，点上香烛，再将纸钱焚化，为坟墓培上新土，折几枝嫩绿的新柳插在坟上，然后叩头行礼祭拜，最后吃掉酒食回家。这也就是老百姓所谓的"烧香神知，上供人吃"。这期间的祭祀活动后往往还伴随郊游踏青。因为从节气上看，清明正排在春分之后，此时天气回暖，大地复苏，到处都是一派生机盎然的景象。人们远足踏青，亲近自然，正好顺应天时，吸纳大自然纯阳之气，驱散一个冬季的积郁寒气和抑郁心情。

祭祀的凝重与踏青的休闲本是一对矛盾的情感，却在清明节这里结合在了一起，从中我们可以窥见中国人对于生死的理解。荀子在其《礼制篇》中说："祭者，志意思慕之情也。"所以祭祀最重要的条件就是内心的"诚"，由诚才能与祖先的神灵相感通，进而做到"祭如在，祭神如神在"，否则便成了做给活人看的戏，徒有其表而已。

中国是一个最推崇孝道的民族，孔子在解释何为孝的时候说："生事之以礼，死葬之以礼，祭之以礼。"不管是三年的斩衰之服还是三月的缌麻之服，一旦服丧结束，对逝去亲人的哀戚之情都要有所节制、回归正常生活。因为在中国古人看来，死亡并不是最终的消灭，而只是一种离开；生是死的延续，而死是生之外的另一种存在方式，祭祀则是一种沟通阴阳两界的方式和途径。

对照来看，不论是佛教的因果报应六道轮回说还是基督教的天堂地狱原罪救赎说都与之不同，所以二者皆不需要祭祀的中介和沟通。与中国人九族五服的庞大亲戚系统相比，西方的人际关系要简单得多，上不过祖父母，旁不过堂表兄弟。当然，由于一胎化政策的实行，我们原有的伦理关系已遭到极大的破坏，中国人原有的意义世界已发生改变。

清明节对于祖先的祭拜不再是一种生死离别的哀戚，而是一种阴阳沟通的喜悦。正是在这一生死可以对话的家族时空连续体中，每一个人为自己定位，进而获得生命的意义安排。所以"清明"不光是天地的生机萌发，更是家族的生命延续；不光是气候的风轻云淡，更是社会的海晏河清。只有一个清明的社会才会给人以幸福的生活，而只有子孙的幸福才足以告慰先祖的在天之灵。

朗朗乾坤，清明世界，只有在这种生死通观的思想背景之下，我们才会理解祭祀与踏青如何可能偕行，而这也正是我们中国人诗画人生的最好写照。

我无为而民自正

近日网上登出这样一条新闻：民政部拟推"婚礼式颁证"，以期改变"轻登记、重婚宴"的现状。仔细翻看了相关报道后发现，民政部的初衷无非是两条：一、婚姻属于法律关系，应以结婚登记为准，而不该以自家婚宴为重，且如今的婚宴越来越奢侈攀比、铺张浪费，给亲戚朋友增加了不小的礼金负担，所以要移风易俗、节俭结婚；二、"轻登记、重婚宴"的习俗使夫妻双方对于婚姻的严肃性认识不够，法律意识和责任感皆不强，造成社会的离婚率越来越高，所以需要以法律的形式来震撼其心灵，强化夫妻双方对婚姻的神圣感。

看起来这两个初衷是不错的，只不过这种做法未必妥当。究其原因还在于民政部门对于自身的角色定位不清晰，对于以上两个问题的分析不准确。不管是为了提倡节约、低碳的社会新风尚，还是为了强化婚姻的责任感和神圣感，我们都需要问一个问题：一对男女是为谁而结婚的？不把这个问题搞清楚，也就不能明确国家与社会、法律与礼俗的各自职责和边界。

对于这个问题，可能的答案有三种：第一种是为父母、为家族，这也是中国人传统的婚姻观。按照《礼记》的说法，所谓婚姻就是"合两姓之好，上以事宗庙，而下以继后世"。婚姻家庭的首要社会职能便是繁衍子孙、养育后代。费孝通先生有一本书叫《生育制度》，便是从社会学的角度对家庭之生育职能所进行的研究。

第二种是为自己、为爱情，这是现在普遍流行的婚姻观。这种婚姻观以个人主义为底版，以浪漫主义为色彩，以婚姻自主为原则，以爱情至上为口号。目前各类电影、电视剧铺天盖地演绎的正是这种婚姻爱情观。而我国现行的《婚姻法》也是以感情为首要标准来判断一个婚姻是否具备延续之必要性，这也成为今天许多年轻人恋爱自由、婚姻自主的重要法律依据。

第三种是为国家、为民族，这种婚姻观在现实中不太常见，但在法理上是有依据的。现代国家将个人从家庭、家族、部族中解放出来，使之不再是私民，而成为公民。既然个人是国家的公民，那么公民便没有私事，婚姻便是其对国家应尽的义务。这里面体现了现代国家的社会化因素。在美国，国家可以依法剥夺父母对孩子的监护权，为什么？因为这孩子不光属于父母，更属于国家，他/她是国家未来的公民，是民族的成员之一。俄罗斯为了应对人口锐减的民族危机，准备对适龄却无子女的公民征收"单身税"，可以说是这种婚姻观的最好体现。

第三种婚姻观理论上看是第一种婚姻观从家到国的放大，其背后的目的是要保证民族的延续、实现国家的强大。这在那些面临人口负增长危机的国家和地区已成为现实，如德国、日本、俄罗斯等。政府为了鼓励生育不光要对家庭发放补贴，更有"英雄母亲"的荣誉奖励。只不过在现在的中国，我们尚不存在人口减少的问题，使这种婚姻观并不凸显。在我国目前占主流的婚姻观还是前两种，尤其是第二种，这应该是民政部门制定相关政策的事实基础。

以此来看，其两条初衷皆不可取。先看第一条，婚姻既是法律关系更是伦理关系，婚姻登记只不过履行一个法律确认的程序，并不是婚姻得以成立的本质基础。既然婚姻是个人的家事、私事，人家"轻登记、重婚宴"又有何不可呢？

至于婚宴的靡费，更是未能修己、焉能责人？民政部门若真想倡导节俭新风尚，就应该先从自身做起，从政府部门做起，这样才能"其身正不令而行"。该管的不管，不该管的乱管，如何信服于人？

关于亲友的礼金负担问题，也是只见其一未见其二。城市化的生活使人与人之间的关系越来越陌生，哪怕对门而居也未必互相认识。而婚礼中的"随份子"恰好成为人际交往的一种形式，弥补了人与人之间的关系冷漠。再者，礼尚往来，随礼也是相互的，它实际上成为一种长时段的变相储蓄。有本社会学著作叫《礼物的流动》，讲的就是这个道理。

第二条理由更是荒谬，离婚率高难道是法律不独尊的结果吗？古代的婚姻完全是民间的自主行为，双方互递婚帖、行三媒六聘之礼即可，无须官府的确认，那时可有今天的高离婚率？至于婚姻的神圣、双方的责任，又岂能依靠法律的震慑而维护？其实婚姻的基础既不在感情也不在法律，而在伦理。今天之离婚率居高不下恰是第二种婚姻观的结果。

夫妻关系为人伦之首。《周易》曰："有男女然后有夫妇，有夫妇然后有父子，有父子然后有君臣。"《礼记》曰："婚礼，礼之本也。"真想为婚姻关系奠定一个牢固的基础，关键是要反思现在流行的爱情至上婚姻观，进而在法律上予以修正，而不是变相地鼓励婚姻解体。古人说："修其教不易其俗，齐其政不易其宜。"作为政府管理机构，民政部门首先要履行好婚姻登记的职能，对于社会自治的领域应该予以必要的尊重，对于礼俗更是不可轻言移易，避免越俎代庖，如此或许更能"我无为而民自正"。

当羸弱的心遭遇威猛的龙

　　刚刚迈入 2012 年，农历的龙年还没到来，一张小小的生肖邮票就引起了一场不小的网络风波。对于这枚壬辰龙年邮票，网上主要有两种态度：一种认为龙的形象"有点凶、不够萌"，甚至质疑这条龙张牙舞爪"在怒吼，向谁发威"；另一种认为中国现在强大了，就是要有一股霸气，现在的图案很好。二者虽然态度和立场不同，但他们将龙的形象与凶恶、霸气、集权、专制、恐吓、威迫等联系在一起却是一致的，而这种不着边际的联想正是导致其错误理解的原因所在。在此前提下，无论是批评还是赞美都显得有些文不对题。

　　龙本是中华民族的远古图腾，是令人敬畏的神物，而不是现代运动会的吉祥物，更不是卡通片里的乖乖宝。也许在自然界里我们找不到龙的现实对应物，但其形象却自有历史渊源，并非无迹可寻，更不可随意更改甚至异化。这次壬辰龙的邮票形象正是来源于古代皇帝龙袍前胸的织绣正金龙图案，并参考了清代琉璃九龙壁的造型及色彩。从历史上看，龙的形象本来就是这个样子，其图案于古有据，无可非议。

　　在《易经》中，龙是六十四卦中震卦的象征。《易·说卦》曰："震为雷，为龙……为大途，为长子……其究为健，为蕃鲜"；"万物出乎震。震，东方也。"在八卦之中，乾为天为父，坤为地为母，震为长男。长子负有家族传承的大任，将来更要成为一家之主，自然要庄重威严，不能是个宝里宝气的花花公子。古代的皇帝又称天子，即天之长子，正是震卦之象，故龙又成为皇帝的象征。另外在乾卦里，六爻皆以龙为喻，如初九的"潜龙勿用"，九二的"见龙在田"，九五的"飞龙在天"，上九的"亢龙有悔"。成语"龙马精神"，其中的马为乾之象，其德为健；龙为震之象，其德为动。动而能健，这正是中华民族生生不已、自强不息的奋斗精神。

佛家有言："菩萨低眉，所以慈悲六道；金刚怒目，所以降伏四魔。"巨龙的狰狞怒吼不正是警醒世人的一声惊天霹雳吗？

由于计划生育政策，现在的家庭基本都是独生子女，于是父母的望子成龙之心便更为迫切。但究竟什么是龙？父母所望的难道是一条温顺可爱的卡通龙吗？还是一条刚毅威猛、叱咤风云的蛟龙呢？我们中国人自称为龙的传人，不正是为这样一种锲而不舍的龙马精神而骄傲自豪吗？老虎不发威何为老虎？蛟龙不叱咤何为蛟龙？龙之所以是龙而不是虫，就是要有这样一种威严和气势。

震卦象辞曰："洊雷，震。君子以恐惧修省。"我们若能以此"恐惧修省"之心态来看待龙票的形象，振起不屈不挠的阳刚精神，这不正是惊蛰萌动、奋发复兴的大好机缘吗？向上提升还是向下沉沦，不在于龙的形象是凶还是萌，关键在于我们的心是坚强起来还是羸弱下去，这才是今天民族精神所面临的最大考验。

一次跪拜引发的口水战

2012年，在孔夫子的故乡山东曲阜举办了第一期"弘道"儒家文化夏令营，其间作为儒家信仰者和弘道基金董事长的秋风先生带着夏令营学员参访了孔庙和孔林，并向至圣先师孔子行了跪拜大礼。没想到照片在网上发布后引起轩然大波，一大群不相干的人情绪激动、大加挞伐，最后甚至发展到人格侮辱、人身攻击的地步。

一群儒家信徒跪拜儒家圣人，这本是再正常不过的事情，就像基督徒跪拜耶稣、佛教徒跪拜释迦牟尼佛一样，外人岂有说三道四的资格？这个跪拜事件之所以引起争议，从自由派歇斯底里的叫嚣中可以看出主要有两个原因：一是跪拜礼仪本身对于平等人格有损，有自我屈卑的奴性之嫌；二是孔子乃封建教主、专制余孽，不配受人礼拜，拜孔子就是不自由。从这两个似是而非的理由中，我们可以发现现代人的魔障有多深。

跪拜是中国的传统礼仪，已有几千年的历史，主要是向对方表达一种恭敬之意。即便到了现代，遇到过年过节或清明扫墓的时候，一般人家也还会给父母、祖父母等磕个头，给逝去的先人磕个头。我们通常所说的拜年、拜寿、拜祭，都有一个拜字。从拜字的本义看，拜一定是和跪联系在一起的，不跪就不叫拜。这与古人席地而坐的习俗有关，至今日本、韩国都还保留着这种生活起居方式。简单地把跪拜和奴性联系在一起，不是出于无知就是别有用心。

现代人一般使用的是握手礼和鞠躬礼。握手的本义是说彼此手里空空，未藏有武器，以此表示友好。鞠躬是向对方低头，表示恭敬。

跪拜则是双膝下跪再低头，其恭敬的程度自然比鞠躬更深了。如果说跪拜礼有奴性之嫌，照此逻辑，握手礼岂不是有猜忌之嫌？鞠躬礼岂不也有"摧眉折腰事权贵"的谄媚之嫌？若是这些交际之礼通通要不得，今后两个人见面是不是应该彼此腆着肚皮、鼻孔朝天、谁也不理谁才叫人格独立呢？把这种贡高我慢的自以为是当作人格独立，这再次证明了国内绝大多数自由派的山寨货色。

跪拜有三种，有违心之跪，有假意之跪，有诚恳之跪。违心之跪迫于威逼，但奴其体不能奴其心；假意之跪屈膝献媚，内外皆是奴才嘴脸；诚恳之跪发自本心，以此表达其恭敬、感恩、谦逊之情。跪其所不当跪，那才是奴才、懦夫；跪其所当跪，更显铮铮铁骨、大丈夫本色。中国素为礼仪之邦，礼之真义正在"自卑而尊人"。孔子曰："君子有三畏：畏天命，畏大人，畏圣人之言。"君子正因其有所敬畏才成其为君子，小人则以其无法无天而成其为小人。

大陆的自由派普遍患上了神经质臆想症和受迫害强迫症，一听到"孔子"二字便条件反射式地咒骂絮叨起来。如今昔日的自由主义者秋风竟然跪拜起孔子来，这不是冒天下之大不韪吗？可在他们气势汹汹的背后，除了无知的敏感而外，其实空无一物。从新文化运动的"打倒孔家店"到"文化大革命"的批儒批孔，这种逢传统必反的心态已经成了不必经过思考的本能。

孔子生在2500多年前，以一己之力整理六经、开创私学、垂教后世，被历代尊为大成至圣先师、万世师表。即便后世统治者对孔子学说有所利用，那也该是帝王之错，而非孔子之错。无胆或无力进行细致的历史批判，却拿孔子来作替罪羊，难道这就是自由派的公知气概吗？自由派口口声声捍卫个人的名誉权，可孔子的名誉权又有谁来捍卫？孔子不曾有负于今人，其教化泽被后世，我们给夫子磕个头，难道不应该吗？中国的自由主义只有开始正视本民族的历史和传统、敢于批判美利坚神话的时候，才会真正成熟起来。

微博网友"尤乐山水悟道"说："父母养育之恩，报之以跪拜，何罪之有？大道主宰亘古，敬之以跪拜，何格之降？悟道千难万难，先师点化至悟，谢之以跪拜，何过可责？那些发神经病者，历历在目皆是痴顽自大狂。或曰感激不用跪拜，一般人无可指责，然而儒者以大礼示至诚尔。"其实不光儒者，每个人都应该报三重恩：天地之恩，父母之恩，君师之恩。非此便是忘恩负义之小人。看来"天地君亲师"的牌位有必要重新立起来，以克制现代人自高自大、唯我独尊的坏习气。全民习礼，熏育教养，正可自恢复跪拜之礼始。

拆了孔庙，何以"文昌"

被喻为"海南第一庙"的文昌孔庙，始建于北宋庆历年间，经明清两代多次重修，是海南现存最完整的古代建筑群。但是，就是这样一个省级文物保护单位，近百年来却多次险遭不测，而今再次面临地方政府修建佛寺带来的土地危机。据悉，文昌孔庙的学宫后殿遗址上近期将破土动工，修建推动旅游经济的佛寺"宏光寺"。

一百年前，在一个叫武昌的地方爆发了辛亥革命。武昌，武昌，"武运昌盛"，没想到竟一语成谶，真的一举以武力推翻了满清王朝，开启了中国近代史的新时代。在此后的革命岁月中，不同党派的中国人前仆后继，以自己的信仰和方式接续着这场伟大的革命。

不到半个世纪，我们就基本完成了革命的政治建设，从此偃武修文，开始了下一步经济建设和文化建设的任务。又经过了半个多世纪的奋斗，我们的经济实力已经跃升为世界第二，可谓小有成就。

但经济的富足只是幸福的条件，而不是生活追求的最终目标。古人云："仓廪实而知礼节，衣食足而知荣辱。"如今经济上的发达正好为我们大力开展文化建设、复兴中华传统文化提供了厚实的基础。

如果说政治建设的成功在于让中国人站起来，经济建设的成功在于让中国人富起来，那么文化建设的成功就在于要让中国人"华"起来。因为我们的名字叫中华，我们是有着五千年文明史的古国，我们自古就是四夷宾服的礼仪之邦。

光政治上站起来不过是个有尊严的穷汉子，正所谓人穷则志短；光经济上富起来不过是个没品位的暴发户，即所谓为富或不仁；只有文化才能让人成为全面发展的人，让国家成为文明发达的国家。同样只有文化才能化解偏狭的政治纷争，才能救治资本的为富不仁。强而不霸、富而好礼，这才是我们中国人的家国追求，也是我们对全人类的智慧贡献。

可是，一百年后，在一个叫文昌的地方，孔庙却面临着拆迁，不得不让人惊诧和唏嘘。孔子被后世尊为万世师表，在中国一直都是斯文一脉的最高象征。与世界上其他宗教的教堂、寺庙、道观皆不同，孔庙里供奉的不是任何神祇，而是天下读书人共同的老师。孔庙又称文庙，正说明它是这一斯文传统的庙堂所在。此外孔庙还是一个教化场所，往往与学宫合二为一，如北京的孔庙同时也是最高学府国子监的所在。

在现代，文昌没有武昌出名，因为近代以来的中国处于转型期，"武"的作用更胜于"文"。但在古代的升平世甚至太平世，"文"的地位一直都要高于"武"。文昌本是天上星宫之名，简称文星，又称文曲星，系星宿中主文运者。杜甫曾有诗云："北风随爽气，南斗避文星。"即指此星。

作为此星官之文昌帝君，一般认为他是主管考试、命运及助佑读书撰文之神，是读书文人、求科名者最尊奉的神祇。隋唐科举制度产生以后，文昌星尤为文人学子顶礼膜拜。其受民间的奉祀，从周朝以来，历代相沿，制订礼法，列入祀典。以前皇帝曾把文昌帝君列为重要祭典之一，凡是读书人必要奉祀文昌帝君。每逢农历二月初三文昌帝君诞辰之日，童生、秀才、禀生、贡生、举人以及私塾老师都要准备全牛及供品，至文昌庙行"三献礼"祭祀之。

贞观元年（公元627年），唐太宗取"偃武修文"之意将原来的平昌县更名为文昌，意欲使此海南之岛、化外之地能从此被风向化、文教昌盛。如今，文昌市要拆除孔庙，文昌市何以称为"文昌"？

祭祀孔子，重振斯文

2011年9月25日，北京国子监的大成殿内，一群来自全国各地的儒生正在举行祭祀大成至圣先师文宣王孔子的释菜礼。身着深衣、长衫等传统服装的青年儒生们排班列位已定，在通赞的带领下首先齐颂《孝经·开宗明义章》；颂毕再次整肃衣冠，循礼依次拜上香、拜上菜，宣读祭孔文；祭文读毕，全体儒生向孔子灵位行三跪九拜大礼；礼成后众人徐徐退出大殿，仪式圆满结束。

可以说，整个祭祀的仪式简略而不失庄重，虽没有释奠礼中八佾之舞与中和韶乐的宏大场面，却足以让人感到祭祀者内心的虔诚和恭敬。其实，孔子早就说过："礼，与其奢也宁俭"；"祭如在，祭神如神在"；"礼云礼云，玉帛云乎哉？乐云乐云，钟鼓云乎哉？"荀子也说："祭者，志意思慕之情也"；"君子以为文，百姓以为神。"祭祀孔子最根本的是要复兴孔子的真精神，正所谓"夫孝者，善继人之志，善述人之事者也"，否则即便仪式再隆重也不过是徒有其表的文艺表演而已。

今天的人由于个体主义的迷识，往往贡高我慢，自我意识膨胀，不明祭祀之本义所在。祭祀是礼的一部分，儒家认为礼有三本，即"天地者，生之本也；先祖者，类之本也；君师者，治之本也。……故礼，上事天，下事地，尊先祖而隆君师，是礼之三本也"。也就是说，天地赋予我们以生命，先祖遗传我们以身形，而君师则指导我们之人生。可以说我们整个人生长的每一步都离不开天地、先祖、君师共同的赐予和帮助，所以我们要懂得感恩，学会回报，以对天地、先祖、君师的祭祀来表达我们的敬意。其中，祭孔的释奠礼、释菜礼和释币礼便属于"三礼"中的"君师"之礼。

与儒家礼之三本说相近，佛家也有"上报四重恩、下济三途苦"的教义。其中，四重恩就是父母恩、国土恩（国王恩）、上师恩（三宝恩）、众生恩。四重深恩在上，一己小我在下，如何不持敬恭顺，如何不虚心修为？之所以是上报而不是下报，就在于要把自己的位置放低，首先降服自己的傲慢之心，才能够进入修行之道。这与儒家"礼者自卑而尊人也"是一个道理。

而近代以来，西方个体主义对人的原子化抽象理解斩断了人与天地、先祖、君师之间的自然联系，当然也就抛弃了随之而来的祭祀礼仪。不过现代人最缺乏的还不是外在的仪式，而是内心的虔诚。当个体把自己打造成一个绝对的权力主体时，他也就封闭了自我生命的时空展开，把自己变成了一只在虚无的深渊里漂泊不定的孤舟，越是呐喊越显得寂静，越是想保存自己越是淹没自己，进而在一步步的狂躁、多疑和彷徨中失去了内心的平静与虔诚。这也就是现代性虚无主义的普遍病症。

当一个社会不再崇尚斯文而是崇拜权力、比拼财富的时候，必然造成一种恶质的竞争和人性的堕落。不管是这些犯错的富二代、官二代还是星二代，他们其实并不是天生邪恶，他们也曾经是个懵懂的孩子，只是由于缺少斯文的教化，才堕入财富和权势的魔咒中，自戕自恋。如果能给他们一个健康的身心教育，给社会一套正确的价值导向，以孔子为师，以斯文为志，那么现在很多的"二代悲剧"都是可以避免的。

1918 年，鲁迅在其《狂人日记》里发出了"救救孩子"的呐喊。近百年过去了，为了孩子，看来我们还是把孔子这位至圣先师请回来的好。只有重振斯文之风，才能涤荡腐朽之气。

"孔子"的位置在哪里

从 2011 年 1 月 11 日到 4 月 20 日，短短的一百天，国家博物馆（后文简称国博）北门广场的孔子塑像经历了从"落成"到"搬迁"的坎坷命运。虽然内情不为我们尽知，不过通过新闻报道的比对阅读，可知官方本意是在国博北门广场树立孔子塑像，但后来取消了这一初衷，将之"暂安放"到国博西侧的雕塑园。

此前网上就孔子塑像事件曾有过持久广泛的争论，但不管是支持者还是反对者，大家都陷入了一个误解，那就是把孔子塑像和天安门广场莫名地联系在一起，由此演绎出许多不必要的政治遐想。某些媒体更是以"孔子进入天安门广场"为噱头进行新闻炒作，有意无意地误导了整个事件的争论焦点。可以说，正是天安门广场特殊的政治意味才激起了网上许多"革命小将"对这一事件的强烈反对。

严格意义上的天安门广场是由北边的长安街、南边的前门大街和东西两条广场侧路所合围而成的一块长方形区域，而孔子塑像最初安放的国博北门广场并不属于这一范围，只能算是天安门广场的周边区域。国博北门广场面对长安街，其街对面便是劳动人民文化宫。孔子的塑像伫立在这里，背南面北，向"人民"拱手行礼，"革命小将"又何来反感呢？如今把孔子塑像移到了国博西门的北庭院，才是真的进入了天安门广场的视野。"孔子"只要瞟一下眼睛就可以看到对门的人民大会堂。

其实，这就是一个单纯的文化事件，不必过分解读，更不必产生政治联想。作为人类历史上的四大伟人之一，孔子是中国传统文化的代表，将他的塑像安放在国博这个积累与传承中国历史文化的最高殿堂，又有何不妥呢？

对于孔子来说，"你立或不立（塑像），他就在那里，不愠不戚"。只是中华民族的伟大复兴离不了这位文化圣人，我们必须给他一个恰当的位置。从网上的照片来看，高大的孔子塑像放在国博西侧的北庭院内显得局促且隐蔽，这与孔夫子的中正通达和光明磊落皆不相配。或许一个更为正大光明的宽阔地方才能配得起孔子的历史高度。

后 记

本书原名《经世四论》，分为论理、论学、论政、论教四个部分，每部分收录文章九篇，共计三十六篇。后由于种种原因，有所删减，又有所补充，遂改名为《经世三论》。这些文字写作时间不一，且长短不齐、风格各异，在内容上也有义理、学术、政治、教化的区别，但其背后有着一个共同的核心，那就是经世安邦的问题。从上初中起，我所索所思即在于此，二十余年间之读书、学习与思考基本上都是围绕着这一主题展开的。不同时期、不同风格的文字不过是以不同的形式对同一个问题持续思考的记录罢了。虽不敢保证这本书能对读者有多大的启示，但它确实是我个人以公诚之心独立思考的产物。作为一名儒生，我希望能通过这些文字与大家分享我内心的关怀和赤诚，让我们大家一起来思考问题、分析问题、解决问题，为了我们的祖国，也为了我们的时代！

我要感谢儒家网的任重兄，为本书的出版牵线搭桥、费心费力。本书下篇部分的文章基本上都是在他的关心督促下写成的。任重兄热心儒学事业，以一己之力主编儒家邮报，嘉惠提携同道更是不遗余力。古语云：积水成渊、积土成山。只要大家取长补短、分工协作，儒学事业就大有希望！

最后还要感谢生我养我的父母。父亲和母亲都是淳朴的农民，他们自己没读过多少书，却节衣缩食供我上学。记得上高中时我一人的花销就占了家里收入的一半，可以想见他们过的是怎样的日子。但就是在这样的条件下，每次我周末回家，妈妈还要想方设法给我做些好吃的，星期天返校时给我带上香喷喷的炒菜和新烙的大饼。……如今我毕业工作了，却离他们很远，平时都不能在父母身边尽孝。每次看着父亲那日渐苍老的脸庞和母亲那蹒跚变形的双腿，我内心都有说不出的愧疚。这本小书虽然不成样子，但我还是想把它郑重地献给他们——我深爱的爹娘！

2014 年我的女儿出生了，我享受到初为人父的幸福。改革未止、思考不停，希望我们的下一代可以过上复归日用伦常的太平生活，不再栖栖惶惶劳碌奔波，不再疯疯癫癫虚无痴狂，少一点刺激与乖张，多一份从容与安详。这也是我作为一个父亲对我女儿以及天下所有孩子的深深祝愿。

齐义虎

2016 年 9 月 7 日改定于绵阳四毋斋

"儒生文丛"第一辑（三册）

一、《儒教重建——主张与回应》
（任重、刘明主编，中国政法大学出版社 2012 年版）

对儒教重建的关注，是当代"大陆新儒家"的一大突出特点。中国自古儒、释、道三教合一，儒教居三教之首。在传统向现代交替的过程中，儒教是否是宗教、儒教是否该重建、儒教在今天应该是何种形态等命题成为学术思想界的热点，不断引发讨论。本书刊载了当代儒家新锐对儒教有关问题的深入讨论和最新看法，为中国现代精神价值体系建设提供了新的思路。

二、《儒学复兴——继绝与再生》
（任重、刘明主编，中国政法大学出版社 2012 年版）

因为儒学是治世之学，与一般的儒学研究者不同，儒门中人学习、研究、弘扬儒学，绝不是为了学术而学术，而是有着明显的问题意识和现实感。儒者、儒生对于儒学，不仅在理念上自觉认同，有明确的身份意识，而且还有着强烈的历史担当，立足当下，直面现实。本书所选编的当代"大陆新儒家"的思想探索成果，对当代中国所遇问题进行了精彩解答，乃"为往圣继绝学"，而非"纯学术"之作，值得一读。

三、《儒家回归——建言与声辩》
（任重、刘明主编，中国政法大学出版社 2012 年版）

尽管儒家在今天的中国已呈回归之势，但人们对他们的所作所为知之甚少。本书对"大陆新儒家"参与当代文化建设的一些事件，如五十四位学者联署发布《以孔子诞辰为教师节建议书》、十名青年博士生《我们对"耶诞节"问题的看法》、五十多个儒家团体《致电影〈孔子〉剧组人员公开函》、十学者《关于曲阜建造耶教大教堂的意见书》，以及参与讨论读经、国学、教师节、通识教育、国服、礼仪、节日等热点问题，予以了集中展示和说明。

"儒生文丛"第二辑（七册）

一、《儒家宪政主义传统》
（姚中秋著，中国政法大学出版社 2013 年版）

全书着力探讨中国历史上两个立宪时刻儒家之理念筹划和政治实践，即汉初儒家进入政体、驯化秦制，与近百年来儒家构建现代国家。就前者，重点解读董仲舒"天人三策"，阐明其天道治理观之宪政主义意涵。就后者，通过思想史的梳理，揭明现代中国存在着一个保守—宪政主义的思想与政治传统。

二、《儒家文化实践史（先秦部分）》
（余东海著，中国政法大学出版社 2013 年版）

《儒家文化实践史（先秦部分）》共两部。从儒家道统的角度，对先秦历史和历代政权进行梳理和评判。第一部：大同王道的原始模式（尧、舜、禹）；第二部：小康王道的三代实践（夏、商、周）。《儒家文化实践史（先秦部分）》旨在：集儒家外王学之大成，揭道德实践史之真相，破先秦政治史之天荒。这是一本与众不同的关于中华政治、历史和儒家义理之书，道眼烛史，新见迭出。

三、《追望儒风》
（米湾著，中国政法大学出版社 2013 年版）

本书收录作者历年来课余之暇各种机缘下所撰文字，约二十万言。或议或叙，或文或白，修短随意，不拘一格，其要则欲追武前修，跂望儒风也。略分六部分：儒学视野中之现实问题；儒学讲演；儒者传论；时论短评；游访纪事；实用文笔。得也失也，达者鉴之。

四、《赫日自当中——一个儒生的时代悲情》
（张晚林著，中国政法大学出版社 2013 年版）

本书是作者多年来浸润圣学之心得与体会，固然与其精研儒家经典有关，但绝非徒从读书得来，更有其切磋砥砺之功，故非有切身之痛痒、谨策之信仰，不可读其书也。本书内容共分五个部分：第一部分校正了社会大众对儒家相关义理之误解，以确立儒学之纲目与信仰；第二部分痛斥当代职业化教育对儒家教育精神的背离，以期回到儒家之人文精神之中，匡扶人心；第三部分乃以心性学重述儒家之婚姻伦理精神，以批判当代社会把美学形态之爱情作为唯一基点的婚姻观，由此而修身齐家，和谐社会；第四部分资儒家之根本义理，以隽永之小品文，思考当今社会之相关问题，其形式虽短小精微，但其理却博厚悠长；第五部分乃作者与友人之论争与讲辞，以见作者捍卫与宣扬儒学之决心与情怀。总之，本书乃作者用"心"之验，而非"才"气之作，有心者当善会也。

五、《"亲亲相隐"问题研究及其他》
（林桂榛著，中国政法大学出版社 2013 年版）

"亲亲相隐"问题是横跨文、史、哲、法诸领域的一个重大问题。本书对孔子"父子相为隐，直在其中矣"是何语义、唐律以来中国古代法制或律典中的"亲属得相容隐"为何内容、"亲属得相容隐"与"干名犯义"两律制有何区别、"亲属得相容隐"和汉律"亲亲得相首匿"有何区别、柏拉图或柏拉图笔下的苏格拉底是否赞成 Euthyphro "告父杀人"为绝对虔敬或公正及何理由等做出系统辨正；以"不显"及"知而不言（隐默）"训正"隐"，以"视"及"辨别是非"训正"直"，以"容许什么样亲属对犯案人什么样行为保持沉默不发"训正唐律以来的"亲属得相容隐"律条，从而指出"亲属得相容隐""亲亲得相首匿"是权利设置而"干名犯义"等不许告亲尤告尊亲是义务设置，且"亲属得相容隐"仅仅是指言语行为而非其他行为。本书另有《孟子》"徒法不足以自行"究竟何意、儒家思想与人权话语的交集、儒家应该向基督教学习什么、儒家书院的文化功能与重建前景等专论，视野开阔，内容丰富，思想锐利，见解独辟，于儒家礼乐刑政问题多有阐发及学术辨正。

六、《闲先贤之道》
（陈乔见著，中国政法大学出版社 2013 年版）

本书所收录的文章，以儒家义理为中心，以儒学辩诬为羽翼，以中西比较为背景，辅以学术评论和短议，对儒家伦理尤其是"亲亲互隐"、仁义孝弟、公私观念等皆有自己独到的理解和阐释，对中西哲学中的论说方式、思维方式、家庭观念、伦理特质等提出了一些新颖的见解。作者秉持独立思考之精神，不苟同于学术权威，不苟合于流俗之见，字里行间流露出作者闲先圣之道、阐儒学之蕴、解现实之惑的思想旨趣和现实关怀。

七、《政治儒学评论集》
（任重主编，中国政法大学出版社 2013 年版）

本书以蒋庆先生"政治儒学"思想为中心，收录了来自各界的学术论文和思想性评论。甲编为儒门内部批评，乙编为较有明显思想立场的儒门外部批评，丙编为较为中立的评论。

"儒生文丛"稿约

出版目的：弘扬儒学，提携后学，促进各界对儒家的全面了解，推动中国学术繁荣、文化发展、社会进步、民族复兴。

征稿对象：自觉认同儒家的学术研究者，主动弘扬儒学的社会实践者。

内容要求：学术性与社会性相结合，要有担当意识、价值关切和文化情怀。既收编学术研究专著，也收编各界同道的弘道文集。学术论文要言之成理，文化评论要立场明确，经验总结要翔实严谨，诗文随笔要有儒家趣味。

投稿程序：请作者投稿至主编电子邮箱（rujiarz@126.com）。主编初审后交"儒生文丛"学术委员会审议。若学术委员会审议通过，则列入下一辑出版计划。

学术委员：蒋　庆　陈　明　康晓光　余东海　秋　风

"儒生文丛"主编任重　敬告